Nur ein paar Stündchen

Nix wie raus, ganz schnell ins Grüne. Auch mit wenig Zeit lässt sich Großartiges erleben. Kleine und große Abenteuer warten direkt vor der Haustür.

4 H

Raus für einen Tag

Man muss nicht das Land verlassen, um neue Welten zu entdecken. Einfach mal einen Tag lang raus aus dem Alltagsallerlei und rein in die Natur.

12 H

Ferien für ein Wochenende

Warum auf die große Auszeit warten, wenn man einen Wochenendtrip in der Nähe machen kann? Vergnügen, Abenteuer und Wohlgefühl kompakt und intensiv.

36 H

Abenteuer

ESKAPADEN

AUSZEIT

AUSGLEICH

LÄCHELN

Wochenende

STADT.LAND.
FLUSS.

LEICHTIG-

FREE

ERLEBEN

KEIT

GRÜN Kleine

Fluchten

Wege

Lebensfreude

NATUR

GLÜCK

von Alexandra
Schlüter

LIEBE LESERIN, LIEBER LESER.

lila Pracht und Tundrafarben, mystische Moore und wilde Wälder, romantische Flüsse und Weiler: Die Lüneburger Heide lockt mit Natur. Der weite Himmel über Elbe und Wendland, Wind und Wolkenspektakel kosten ... nichts. Ob für mehrere Tage oder eine kurze Auszeit, wenn's schon nicht gleich ein ganzer Urlaub sein kann – hier könnt ihr: In den Sonnenuntergang paddeln, Kraniche am Ufer beobachten. Auf alten Pilgerwegen von einem Kloster zum nächsten wandern. An den Deichen von Elbe, Ilmenau und Aller entlangradeln, Heidschnucken treffen. In goldenen Herbstwäldern Pilze sammeln. Bei Vollmond durch die Heide streifen. Und, und, und. Draußen sein macht glücklich, versprochen!

Viele wunderbare Eskapaden in der Lüneburger Heide und im Wendland wünscht

PS: Informationen zum GPX-Download gibt's auf Seite 224.

AUSZEIT. ABENTEUER. LEBENSFREUDE.

1. KAPITEL
ABSTECHER

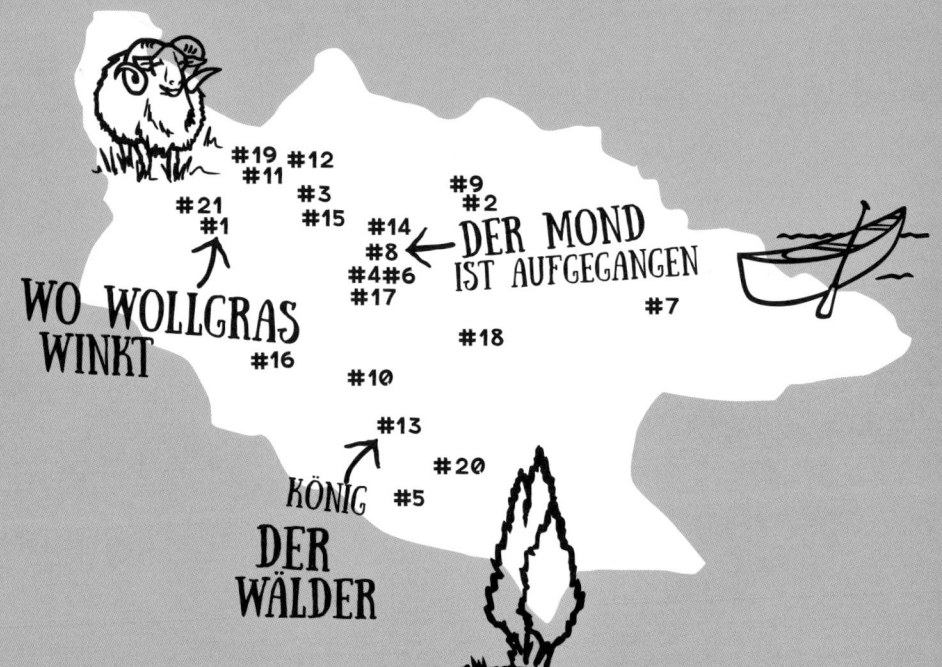

Nur ein paar Stündchen

Barfuß über Sommerwiesen laufen, Pilze sammeln im goldenen Herbstwald und nachts bei Vollmond durch die Heide streifen – so sehen perfekte kleine (R)Auszeiten aus.

4H

WO WOLL-GRAS WINKT

 ... durchs Pietzmoor

Beige-braun-grüne Sepiatöne wie in der Tundra heißen den Wanderer im Pietzmoor willkommen. Zweieinhalb Stunden führt ein zauberhafter Steg aus Bohlen durch eine urwüchsige Landschaft bei Schneverdingen. Ein Rundweg vorbei an Kiefern, die sich im dunklen Wasser spiegeln.

#dunkelbraunesWasser #Froschparadies #sogarbeiNieselregenschön

Kilometerlang auf Holzbohlen durch ein kostbares Kleinod. Auf den ersten Blick erkennt man es vielleicht nicht gleich, aber im Moor herrscht unglaubliche Artenvielfalt.

Für einen Ausflug ins Moor kann es ruhig nieseln, das passt. Erst noch ein kleiner Kiesweg, der vom Parkplatz wegführt, und schon wird die Umgebung sumpfiger. Hier und da die ersten morastigen Tümpel, gesäumt von rosa (Rosmarinheide), gelben (was das wohl ist?) und cremefarbenen Tupfen (Wollgras). Drumherum stehen Birken und Erlen, die es gerne etwas feuchter haben. Wo die Grasnarbe ihn nicht bedeckt, liegt der Torf offen zwischen den Bäumen. Ein Schild mahnt, auf dem Weg zu bleiben: Achtung, Kreuzottern! Doch man wandert sowieso auf dem Bohlensteg, der auf Stelzen durch das Hochmoor führt.

Blätter rascheln, Birken wispern, das Wollgras winkt im Wind. Links und rechts glänzen moorige Tümpel wie sehr dunkle Augen. Manche sind so groß wie kleine Seen, gesäumt von Bäumen, denen der saure Boden

nichts ausmacht, von Schilf oder robustem Gras. In manchen Seen stehen Baumgerippe, die aussehen wie moderne Kunstwerke und ihre gakeligen Äste Richtung Himmel recken. Warmer Torfgeruch steigt einem in die Nase. Herb, aber gleichzeitig weich, ja, das gibt es.

Der Steg führt über das Wasser hinweg, auf das die Wolken ein Muster zaubern. Vogelge-

---

Hin & weg: Mit dem Erixx nach Schneverdingen oder mit dem Auto zu einem der beiden Parkplätze an der Heberer Straße kurz vor Schneverdingen (von Heber kommend).

Beste Zeit: Frühling (blühendes Wollgras), Herbst (Tundrafarben).

Dauer & Strecke: 2–3 Std. zu Fuß; 4,8 km (kann auf 6,6 km ausgedehnt werden).

Ausrüstung: Getränk, Fernglas.

Flora und Fauna sind perfekt an die sauren Böden im Pietzmoor angepasst.

zwitscher, ein Kuckuck und Schwalben. Sonst ist es meist still – und angenehm leer. Eine Wanderung durchs Moor schärft die Sinne. Man muss schon genau hinschauen, um die gut getarnten Bewohner zu erkennen. Frösche, die gerade überhaupt nicht quaken. Libellen, die hochspezialisierte Moorkäferzikade, die sich nur vom Wollgras ernährt. Fleischfressende Pflanzen, die mit klebrigen Tropfen Insekten anlocken. Sobald diese festkleben, rollen sie ihre Blätter um das Opfer und verdauen es. Schautafeln am Wegrand erklären die außergewöhnliche Flora und Fauna.

Viele der Tümpel und Seen sind ehemalige Torfstiche, das sieht man an der rechteckigen Form. Jetzt liegen sie im undurchdringlichen Wald, seit Anfang der 1970er-Jahre werden sie renaturiert und geschützt: Lebensraum für unzählige Tiere und Pflanzen. Der Pfad führt durch geschichtsträchtigen Grund. Ein Millimeter wächst das Moor im Jahr, an vielen Stellen ist die Torfschicht im Pietzmoor sechs Meter dick – 6000 Jahre alt! Hier haben in der Jungsteinzeit schon Menschen gelebt.

Überall gibt es was zu entdecken. Der Baum hier ist tot, aber die Pilze auf seiner Rinde leben, und oben im Stamm ist ein Loch. Vielleicht wohnt ein Specht darin. Es nieselt immer noch? Gut so. Trink' nur, Moor, du brauchst es ja feucht – und die kleinen Moorgeister, die hier leben, auch.

Tipp: Am Rand des Moors liegt der Schäferhof (www.hotel-schaeferhof.com). Je nach Saison gibt's Köstliches aus der Region: Spargel aus der Heide und Schneverdinger Hochzeitssuppe.

FAZIT: MYSTISCH UND EIN BISSCHEN MELANCHOLISCH: IM HOCHMOOR IST'S WIE IN EINER ANDEREN WELT.

SALZ UND ROSEN

 ... in Lüneburg

Kleine Stadtfluchten verbergen sich in Lüneburgs historischen Innenhöfen. Idyllisch sind sie, Rosen und Efeu ranken an den Wänden hoch. Und natürlich erzählen sie etwas über die Stadt und die Menschen, die hier einst wohnten und arbeiteten.

#SalzSalzSalz #Rosenblüten #nichtsfürHighheels #kostbarfröhlichbunt

Geschützt und warm: Wo früher
Fuhrwerke parkten, blüht es
heute an Backsteinmauern.

Rom hat seine Wölfin, Lüneburg seine Sau. Die Legende geht so: Vor über 1000 Jahren erlegten Jäger in den Sümpfen an der Ilmenau ein Wildschwein mit weißen Borsten (es hatte Salzkörner im Fell). Die Jäger machten sich auf die Suche nach dem Grund und fanden eine Suhle mit salzigem Wasser – und darunter einen Salzstock. Es dauerte nicht lang, da war die erste Saline gegründet. Und wie das mit Legenden so ist: Sie halten sich hartnä-ckig; ein Knochen der Salzsau wird bis heute im Lüneburger Rathaus aufbewahrt.

Fest steht, dass der Reichtum der Hanse-stadt auf Salz gebaut war, im Mittelalter eine Kostbarkeit. Nicht nur Gewürz, sondern auch Konservierungs- und Zahlungsmittel, »weißes Gold« eben. Lüneburg hatte das Salzmonopol für Norddeutschland und die Ostseeländer. Wer zu Reichtum kam, baute

prächtig. Zur Straßenseite hin mit Backstein (»steinreich«), im Innenhof oft mit Fachwerk, das war billiger.

Ein Spaziergang durch die historischen Innenhöfe erlaubt Blicke hinter die Backsteinkulissen. Im Frühling blühen im Rathausgarten Magnolien und im Innenhof an der Reitende-Diener-Straße die Apfelbäume. Warum aber sind viele der Häuser so schmal und so unglaublich lang? Eins ist nur sechs Meter breit, zieht sich dafür aber 30 Meter nach hinten. Ganz einfach: Die Höhe der Steuer richtete sich nach der Breite der Häuser, nicht nach ihrer Grundfläche. Die Innenhöfe sind zum Teil so groß, dass Fuhrwerke hineinfahren konnten und an der Parallelstraße hinter dem Haus wieder raus. Tausteine, runde Backsteine mit Flechtstruktur, ziehen sich um die Wappen der Patrizierhäuser. Jahrhundertealtes Eichenfachwerk ist kostbar verziert – und hält immer noch. Romantisch ist es in den Höfen, der Blick geht über verwinkelte Dachlandschaften, und immer wieder lugt ein Kirchturm schief hervor: St. Johannis (siehe Eskapade #33).

Hin & weg: Mit dem Zug nach Lüneburg. Vom Bahnhof sind es 15 Gehminuten bis zum Rathaus, wo die Innenhoftour beginnt. Dort befindet sich auch die Touristen-Information.

Beste Zeit: Frühling und Sommer.

Dauer & Strecke: 1–2 Std., 3 km. Die Stadt ist nicht so groß und lässt sich perfekt zu Fuß erkunden. Unterwegs locken viele Cafés.

Ausrüstung: Bequeme Schuhe.

Farbenfroh: Wer den Blick an den Häusern auch mal nach oben schweifen lässt, wird beeindruckende Details entdecken.

Viele Gassen sind kopfsteingepflastert, die Häuser oft farbig bemalt. Früher schützte Ochsenblut das Mauerwerk gegen Parasiten. Die Namen der Gassen erzählen, welche Zünfte hier am Werk waren. An der Münze lag die Münzprägestätte, in der Schröderstraße saßen die Schneider. Und in der Grapengießerstraße wurden Grapen gefertigt: dreibeinige Kessel aus Bronze, die man zum Kochen in die Glut stellen konnte. Am Sande wurde im Mittelalter auf einem Markt das Salz gehandelt, der Boden war noch nicht gepflastert. Von hier ist es nicht weit zum Stintmarkt. Ein originaler Kran, der im Mittelalter die Schiffe auf der Ilmenau belud, kann bei einer Führung besichtigt werden. Viele Cafés und Restaurants haben Terrassen mit Blick auf den geschichtsträchtigen Fluss. Das Frühstück in Anna's Café, gesund und lecker, ist zum Beispiel stadtbekannt. Serviert wird es auf nostalgischem Geschirr. Das Salz für's Ei kommt allerdings schon lange nicht mehr aus Lüneburg.

Tipp: Wer vorher das Salzmuseum (www.salz museum.de) besucht, wundert sich nicht, warum in der Stadt vieles so schief steht. Manche der Häuser sind mehr als 500 Jahre alt, der Boden unter ihnen hat sich durch die Salzstöcke immer wieder abgesenkt. Da manche Innen-

Historisches Fachwerk, aber kein Freilichtmuseum. Die Altstadt ist quirlig, an Kneipen mangelt es nicht, und in manchen Innenhöfen pflanzen die Bewohner Gemüse an.

höfe nicht öffentlich zugänglich sind, schließt man sich am besten einer Führung an (Infos und Buchung unter www.lueneburg.info).

KLEINER SEE GANZ GROß

 ... in Hanstedt

#3 *Am Köhlerhüttenweiher in Hanstedt kann man sich in den Baumschatten legen und lesen. Oder auf der weitläufigen Wiese Federball spielen. Oder im See seine Bahnen im weichen Moorwasser ziehen. Am besten alles drei.*

#Bullerbü #Gänseküken #ganzweichesWasser #HandtuchaufderWiese

Augustenhöh. Die Jugendstil-
villa war früher Landsitz einer
Hamburger Reederfamilie.

Es gibt so Tage, an denen man morgens ver-
schläft, im Auto der Kaffeebecher umfällt, im
Büro der Computer abstürzt und ... ja, dann
ist es Zeit, zum angenehmen Teil des Tages
überzugehen. Die restliche Arbeit auf morgen
zu verschieben, schnell den Picknickkorb zu
packen, sich die Badesachen zu schnappen –
und nach Hanstedt zu fahren.

Dort liegt ein kleiner Moorsee, der Köhlerhüttenweiher (Google kennt ihn nur als Lan-
genbach), kein öffentlicher Badesee, sondern
selbst hier in der Umgebung ein echter Ge-

heimtipp. Das mag an den Freibädern liegen,
die es in der Nähe gibt. Daran, dass manche
Menschen es nicht mögen, wenn sich die ersten Meter im Weiher unter den Füßen moorig
anfühlen. Es keinen Kiosk mit Pommes gibt
und auch keine Wassergymnastikkurse. Das
Wasser nicht nach Chlor riecht.

Wem all das nichts ausmacht, der wird sich
in den kleinen See verlieben, denn es gibt:
eine riesige Wiese, auf der man Federball
spielen kann, wo man will. Alte Bäume, die
Schatten spenden. Genug Platz, dass Kinder

ihr Schlauchboot aufpumpen können und – anders als im Schwimmbad – damit auch aufs Wasser dürfen. Eventuell spielen sie dann aber doch lieber Fußball, so viel Wiese ist einfach verlockend. Und fragt doch mal einer nach Eis, hat man stattdessen eine Wassermelone dabei.

Es ist aber auch der perfekte See, um alleine abends noch ein paar Runden zu schwimmen, denn die Sonne scheint hier lang, bevor sie hinter dem Waldrand verschwindet. Vielleicht werfen ein paar Menschen für ihre Hunde Stöcke ins Wasser.

Aber es ist genug Platz für alle. Das liegt am entspannten Miteinander, das hier herrscht. Sehr oft kann man die Sonnenanbeter auf der Wiese an einer Hand abzählen. Wirklich.

Wer vorher noch mehr von der Umgebung sehen möchte, der zieht den Tag einfach anders auf und wandert oder radelt zuerst in die nahe Töps-Heide (Parkplatz Weseler Weg). Endlose Wege führen dort durch das Naturschutzgebiet Lüneburger Heide.

Im August / September überzieht ein lila Teppich die weite Landschaft, es duftet süß. Aber auch zu jeder anderen Jahreszeit fängt die Heide einen sofort mit ihrem Zauber ein. Nur der kleine See ist dann vielleicht nicht ganz so warm.

Tipp: Wer seinen Aufenthalt verlängern möchte, kann im Gästehaus Augustenhöh fragen, ob noch ein Zimmer frei ist (www.bb-augustenhoeh.de / gaestehaus). Im Sommer sitzt man im Garten der nostalgischen Jugenstilvilla und denkt, man sei in Bullerbü gelandet.

Wen es nicht stört, dass unter Wasser manchmal Schlingpflanzen kitzeln, der findet am Köhlerhüttenweiher in Hanstedt ein kleines Badeparadies. Sogar mit Grillplatz, aber zum Glück ohne Kiosk.

FAZIT: SO EINFACH KANN AUSZEIT SEIN: SCHWIMMEN IN EINEM KLEINEN SEE, BARFUSS ÜBER EINE GROSSE WIESE RENNEN UND DABEI VERSUCHEN, DEN BALL ZU FANGEN.

Hin & weg: Mit dem Metronom nach Buchholz. In Sommer und Frühherbst mit dem Heide-Shuttle nach Hanstedt (kostenloser Fahrradtransport; Infos auf www.heide-shuttle.de). Sonst mit dem Auto. In Hanstedt auf der Ollsener Straße Richtung Ollsen; der Parkplatz beim Köhlerhüttenweiher liegt nach ca. 2 km etwas versteckt auf der linken Seite.

Beste Zeit: Sommer.

Dauer: 1 Std. bis 1 Tag.

Ausrüstung: Badesachen, Picknick, Getränke, Federball-Set, Fußball, Schlauchboot, ggf. Grillgut (es gibt eine Feuerstelle).

ES WAR EINMAL ...

⊱ ... im Marxener Paradies ⊰

#4 Wenn ein Ort den Zusatz Paradies im Namen trägt, sind die Erwartungen hoch. Aber, soviel sei verraten: Sie werden erfüllt. Mehr als das. Mitten im Wald wartet ein märchenhaftes Tal, in dem die Heide blüht. Und ein Buchenwald, so schön, dass Rotkäppchen drin spielen könnte. Vielleicht auch ein Wolf.

Auf Nadeln wandert sich's weich, und in Eichennähe knacken die Eicheln unter den Wanderschuhen. Auf dem sagenhaften Hünenweg geht es vom Parkplatz am Ortsausgang von Amelinghausen dem gelben Pfeil hinterher. Der Weg führt kurz oberhalb der Straße entlang, bevor man links in den Wald eintaucht.

Im 16. Jahrhundert trieb hier Moritz von Zahrenhusen, der letzte Raubritter der Lüneburger Heide, sein Unwesen. Das glaubt man sofort, auch, dass er letztlich von einem wackeren Knappen mit einem Knopf erschossen worden ist. Der Ritter hatte es mit seinen Überfällen einfach übertrieben.

An den ersten beiden Gabelungen hält man sich rechts, an der dritten links, danach ist der Weg gut gekennzeichnet. Die Wurzeln

am Boden sind knorrig-schön, Farne wuchern zwischen den Stämmen, und die Sonne malt Flecken auf den welligen Moosboden. So wandert man auf Waldpfaden dahin …

Ein Holzschild weist den Weg rechts ins Paradies. Was das wohl heißt, hier mitten im Wald?

Hin & weg: Mit dem Auto zum Parkplatz Kronsbergheide (an der B 209 kurz hinter dem Ortsausgang Amelinghausen Richtung Lüneburg); oder mit dem Heide-Radbus (siehe www.lueneburg.info/de/heide radbus) nach Amelinghausen (vom Bahnhof zum Parkplatz Kronsbergheide sind es ca. 20 Gehminuten).

Beste Zeit: Das ganze Jahr über paradiesisch schön.

Dauer & Strecke: 2–3 Std. (ohne Pausen, mit kann es sehr viel länger werden), 10 km.

Ausrüstung: Feste Schuhe, Picknick und Getränk, Märchenbuch für die Pause.

Dicke Buchen, ein Seerosenteich und eine Holzbank zum Nachbauen schön – Sommertagstraum mitten im Wald.

Doch dann tritt man in ein kleines Heidetal und wähnt sich in einer anderen Welt. Vermutlich wurde das Kerbtal in der Eiszeit von einem Fluss geschaffen. Heute schmiegen sich hier Heide und Wacholder an den Fuß eines kleinen »Berges«, auf den man unbedingt hochgehen sollte, denn oben wartet etwas wirklich Grandioses: Ein Wald aus Rot- und Hainbuchen breitet Richtung Himmel sein Blätterdach aus. Die glatten grauen Stämme sehen wie Elefantenbeine aus. Hier lassen sich mühelos Stunden verbringen. Man raschelt durchs Laub, legt den Kopf in den Nacken, bestaunt eine Kathedrale aus Buchen. Wo die Sonne eine Lücke findet, blitzt sie durch die Blätter. Den Wald haben die Brüder Grimm erfunden.

Vom Waldrand aus hat man einen schönen Blick übers Paradies. Bänke bieten sich für ein Picknick an, und unten schimmert ein Moorweiher, auf dem im Sommer Seerosen blühen. Ein Rundweg führt einmal ums Tal. Nur einen Kilometer lang, aber man kann ihn sehr viel länger genießen, als es die kurze Strecke vermuten lässt: an dem kleinen Weiher den Fröschen lauschen, überlegen, ob man die Schuhe auszieht und einmal kurz die Füße ins Wasser hält. Der Weg zurück führt zunächst durch Wald, dann am Waldrand links an Feldern entlang. Erst Richtung Oldendorfer Totenstatt, dann über die Kronsbergheide, geht es wieder zum Ausgangspunkt.

> **FAZIT: GEBORGEN FÜHLT MAN SICH IM MARXENER PARADIES. UMGRENZT VON HÜGELN UND MÄRCHENWALD.**

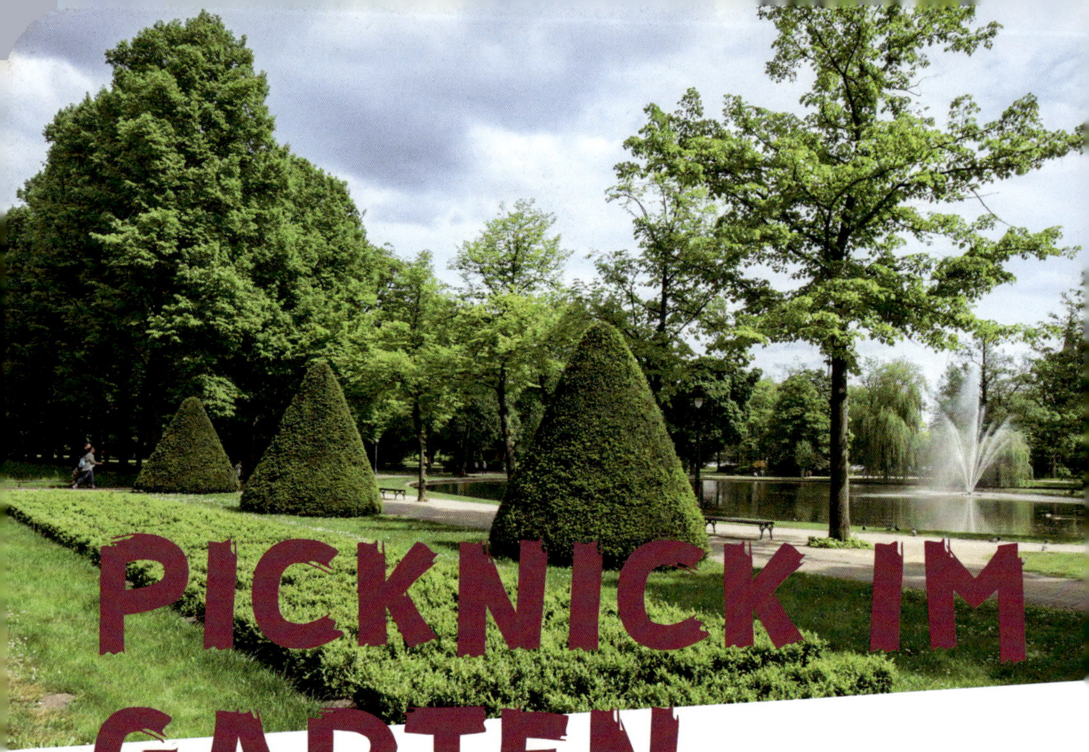

PICKNICK IM GARTEN

… durch das grüne Celle

#5

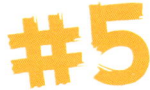

Romantische Gärten erzählen Geschichten: von Herzogen und verbannten Königinnen. Vom englischen und französischen Landschaftsideal und von Pflanzen, die heilen können. Ein Streifzug durch drei Celler Parks kann wunderbare Stunden dauern.

#allesduftet #Picknickdecke #Lindenallee #Wasserspiele

Weiße Pracht, einst Welfen-
residenz: das Celler Schloss. Im
Innenhof lockt das Theatercafé.

Das Celler Schloss war jahrhundertelang eine der Residenzen der Herzöge von Braunschweig-Lüneburg. Der Park geht auf das 19. Jahrhundert zurück, als das Schloss für das Hannoversche Königshaus als Sommersitz hergerichtet wurde. Geschwungene Wege führen am ehemaligen Burggraben entlang.

Dabei spaziert man unter beeindruckenden Bäumen, Stileichen, Pappeln, Spitzahorn – und unter Exoten: Die Kaukasische Flügelnuss breitet ihre ausladende Krone aus, eine Echte Sumpfzypresse hängt ihre Äste ins Wasser. Es riecht nach frisch gemähtem Gras, im Sommer perfekt für ein königliches Picknick.

Nichts ist zurechtgestutzt, alles wirkt offen und natürlich. Alle paar Meter ergeben sich neue Ausblicke auf das Welfenschloss, das mit seinem Barocktheater, der gotischen Kapelle und dem Residenzmuseum einen Extra-Besuch lohnt. Aber heute ist Draußen-Tag ...

Und so geht es weiter zum romantischen Französischen Garten: eine Maulbeerbaum-allee, ein Rosengarten nach barockem Vor-bild. Alte Bäume, verwunschene Wege, immer wieder neue Sichtachsen und eine Fontäne, die abends strahlt. Höhepunkt ist die elegante

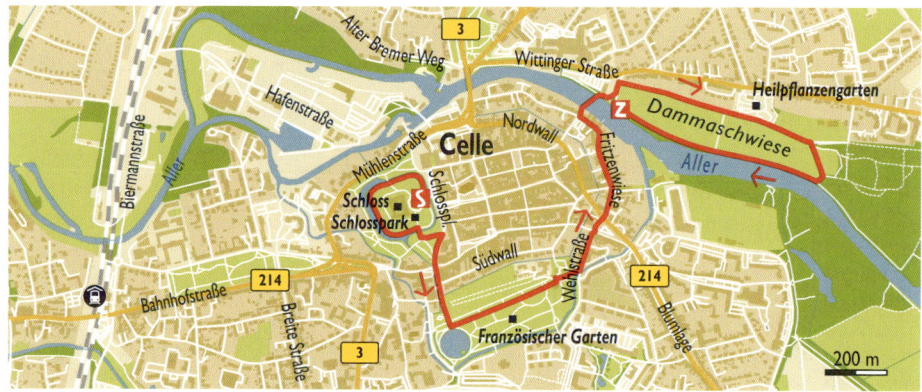

In Bronze: Hengst Wohlklang vom Landgestüt Celle. Drumherum laden die Schlosswiesen zum Picknick ein.

Pfaffenhütchen und Purpur-Sonnenhut: zwei von 300 Arten im Heilpflanzengarten.

330 Meter lange Lindenallee, die in vier Reihen zum Denkmal von Caroline Mathilde führt.

Die geschiedene dänische Königin wurde wegen einer Affäre aus Kopenhagen verbannt und lebte ab 1772 für drei Jahre im Celler Schloss. Sie veranlasste die Verschönerung des Französischen Parks, unter ihr erhielt der Teich seine kreisrunde Form. In Celle war sie sehr beliebt, sie war geistreich und prägte das kulturelle Leben der Stadt. Trotzdem war ihr Schicksal tragisch: Ihre Kinder durfte sie nie wiedersehen, und sie starb schon mit 24 Jahren, vermutlich an Scharlach.

Ganz ohne Schloss und Denkmal verzaubert der Heilpflanzengarten an der Dammaschwiese, sobald man durch seine Pforte tritt. Die Welt bleibt draußen, während man auf den nach altem Muster angelegten Wegen zwischen Kräutern, Blumen und Büschen umherstreift. Ein Fest für Augen und Nase.

Mehr als 300 Pflanzenarten sind hier mit Liebe und großer Sachkenntnis angepflanzt: Bärentraube, Haselwurz, Hanfnessel und Goldmelisse, Tabak und Pfefferminze. Auf kleinen Schildern ist beschrieben, in welcher Heilschule sie verwendet werden: unter anderem in der Pflanzenheilkunde, der Homöopathie und in der ayurvedischen Medizin. Man wandelt mehr, als dass man spaziert. Vorbei an Duft- und Aromabeeten, staunt über Gift- und Zauberpflanzen. Im Sommer sieht es hier aus wie auf einem impressionistischen Gemälde – und wie es duftet!

FAZIT: FLANIEREN UNTER BÄUMEN, ÜBER WIESEN, AN BLUMENBEETEN UND WASSER ENTLANG. DIESE PARKS IN CELLE SIND BALSAM FÜR DIE SEELE.

Hin & weg: Mit Zug oder Auto nach Celle (vom Bahnhof sind es 1,3 km zum Celler Schloss); kostenlose Parkplätze gibt's an der Hafenstraße (ca. 550 m vom Schloss).

Beste Zeit: Frühling–Herbst. Der Heilpflanzengarten ist März–November geöffnet.

Dauer & Strecke: 2–3 Std., 5 km.

Ausrüstung: Bequeme Schuhe, Notizbuch für Garteninspirationen.

STEINBETTEN IN DER HEIDE

 ... auf dem Hünenweg bei Oldendorf

Die Hünen wussten, wo es schön ist, und haben diesen mystischen Ort ausgewählt, um ihre Toten zu bestatten. Uralte Eichen wachen in der Oldendorfer Totenstatt über den jahrtausendealten Gräbern. Wer hier durch die zartrosa Heide spaziert, bekommt eine andere Vorstellung von Zeit.

#sagenhaft #Brombeeren #FindlingeausSkandinavien #FamilieFeuerstein

Trekking mal ganz anders:
Mit Lamas durch Heide und
Totenstatt.

Schon der Weg zu den Hünengräbern ist malerisch. Kopfsteingepflastert führt er zwischen
Feldern, Wald und Hecken zu einer der bedeu-
tendsten Grabstätten Norddeutschlands. Spät-
sommers schmausen Rotkehlchen im Brom-
beergestrüpp, Rehe äsen am Waldrand und ein
Apfelbaum am Weg verliert bereits sein Obst.
Nach einem knappen Kilometer erreicht man
die Totenstatt aus grauer Vorzeit, idyllisch liegen die Grabhügel in der Heide verstreut, grau

blitzen uralte Findlinge zwischen goldgrünem
Gras und lila Heide hervor.

Gletscher haben die Brocken in der Eiszeit aus
Skandinavien mitgebracht, und unsere Vorfahren haben daraus ihre Grabstätten gebaut – vor
5700 Jahren, über mehrere Epochen hinweg.
Damals lebten sie bereits an den Ufern der
Luhe; ihren Toten legten sie Alltagsgegenstän-
de in ihre Wohnungen für die Ewigkeit. Henkel-

schalen, Pfeilspitzen und Trichterbecher, die uns noch heute etwas über ihre Kultur erzählen. Ihre Werkzeuge fertigten sie aus Feuersteinen.

Ein Rundweg führt durch die Heide, in der hier und da Wacholder wachsen. Auf einigen der Hügel stehen beeindruckende Bäume, Wächter der Megalithgräber, die ihre riesigen Äste wie ein Schutzdach über den Boden neigen. Wer unter diesen alten Baumgiganten steht, kommt ins Nachdenken über die Zeit. Die Eichen sind schon so alt, aber als hier die Hünen ihre Gräber anlegten, gab es sie noch lange nicht.

Wer Heidetrekking mal ganz anders erleben möchte, kann es hier: Mit Lamas an der Hand wird das Jungsteinzeiterlebnis gleich doppelt spannend. Die Mischung aus Natur und Geschichte an diesem Ort ist einmalig, und einen

einladenden Picknickplatz gibt es auch noch. Von hier aus ist es nicht weit zum nahegelegenen Archäologischen Museum Oldendorf; der Weg führt an der Luhe entlang. Ob die

---

Hin & weg: Zur Zeit der Heideblüte und etwas darüber hinaus fährt an den Wochenenden der kostenlose Heide-Radbus vom ZOB Lüneburg nach Oldendorf, siehe S. 231. Alternativ mit dem Auto nach Oldendorf (Parkplatz an der Marxener Straße hinter der Luhebrücke; der Weg zur Totenstatt ist ausgeschildert).

Beste Zeit: Immer; auch im Winter hat die Stätte ihren Zauber. Für Führungen: www.museum-oldendorf.de; Lama-Trekking (auch individuelle Touren) ist das ganze Jahr über möglich: www.heide-lama-trekking.de

Dauer & Strecke: 2 Std. (mit Picknick und Museumsbesuch), 2–3 km.

Ausrüstung: Genug Zeit, um sich auf die Urgeschichte einzulassen.

Die Findlinge haben eine lange Gletscherreise aus Skandinavien hinter sich. Steinzeitmenschen fanden hier vor Tausenden von Jahren ihre letzte Ruhe.

Menschen damals hier gefischt haben? In dem Museum sind Grabfunde ausgestellt, und man erfährt mehr vom Leben der Steinzeitmenschen, auch, wie sie sich das Totenreich vorstellten. Denn ohne den Glauben an ein Leben nach dem Tod hätten sie kaum einen so gewaltigen Aufwand für ihre Grabstätten betrieben. Allein die riesigen Granitbrocken zu bewegen und zu bearbeiten, muss eine Herkulesaufgabe gewesen sein. Viele neue Gedanken für den Rückweg. Denn ohne unsere Vorfahren wären wir heute nicht, was wir sind.

> **FAZIT: GRAUE FINDLINGE IN LILA HEIDE. EINE INSPIRIERENDE ZEITREISE. MORGENS IST DAS LICHT AM SCHÖNSTEN. UND WER MAG, KOMMT MIT LAMA.**

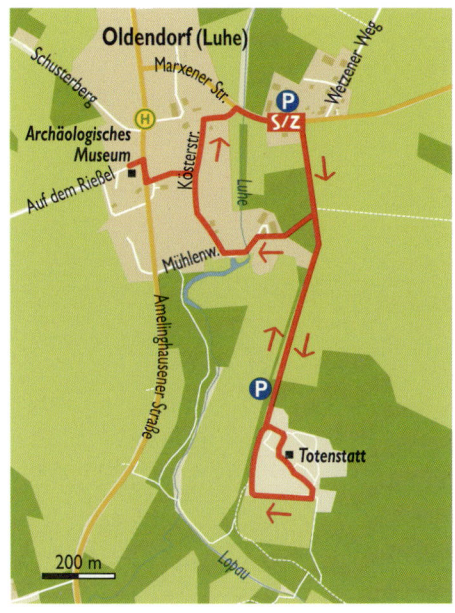

AUF DEN SPUREN DER HIRTEN

⊰ … zum Breeser Grund ins Wendland ⊱

Auf einer uralten Huteheide in der Göhrde stehen Bäume wie Kunstwerke. Den Breeser Grund hat man auch an einem Sommerwochenende fast für sich allein. Zugegeben, das Wort Geheimtipp ist etwas abgenutzt, aber hier passt es.

Wendlandgeist: Naturschutz und gesellschaftliche Werte. Unter den urigen Bäumen am Breeser Grund ließen früher Bauern ihr Vieh weiden. Eicheln satt.

Das Wendland ist ein ganz eigener Landstrich, hier denkt man gern quer. Das kommt auch vom Widerstand gegen das Atommülllager in Gorleben. Viele der Aktivisten sind geblieben und prägen heute den Alltag in den Dörfern. Freigeister leben neben Künstlern, alteingesessene Landwirte neben Umweltaktivisten. Es wird Biogemüse angebaut, und die Regenbogenfahne hängt aus Fenstern renovierter Höfe.

Im Wendland haben alternative Lebensformen viel Platz. Und weil die Atomkraftgegner nicht nur gegen, sondern auch für etwas sein wollten, gründeten sie die Kulturelle Landpartie. Einmal im Jahr, zwischen Christi Himmelfahrt und Pfingsten, kann man sich in ganz Wendland von ihr inspirieren lassen, was nachhaltiges, kreatives Leben betrifft. Dinge ausprobieren, auf die man sonst nie kommen würde: Harfe spielen oder Sensen lernen (für mehr

Artenvielfalt) oder entlang der Castorschiene wandern. Und jedes Jahr kommt etwas Neues dazu (www.kulturelle-landpartie.de).

In diesem Streifen Niedersachsen trifft unprätentiöse Lebensart auf grandiose Natur. Die Elbe mit ihren Marschen, auf denen Störche staken und nach Fröschen suchen. Dichte Wälder in der Göhrde, zu denen auch das Naturschutzgebiet Breeser Grund gehört. Diesen ver-

Hin & weg: Mit dem Auto nach Riebrau (wie die meisten kleinen Orte im Wendland mit öffentlichen Verkehrsmitteln schlecht zu erreichen); an der Kirche kann man gut parken.

Beste Zeit: Sommer und Herbst.

Dauer & Strecke: Spaziergang 1–2 Std. – mit Muße und Picknick länger; 4 km.

Ausrüstung: Feste Schuhe.

In vielen Dörfern im Wendland, hier in Riebrau, stehen noch malerische Höfe mit Streuobstwiesen.

steckten Winkel kann man nur zu Fuß erreichen. Wer Ruhe sucht, der findet sie hier. Der Weg geht in Riebrau los, links an der Kirche vorbei erst durch das Dorf und schon bald durch den Wald. Man muss ein bisschen auf die Wegführung achten, weil es viele kleine Waldwege gibt. Schilder und ein weißes Dreieck auf Bäumen weisen die Richtung. Vielleicht stimmt es ja, dass Bäume über ihre Wurzeln kommunizieren. In schönen Wäldern kommt man auf solche Gedanken. Ameisen wuseln auf einem großen Haufen herum, scheinbar chaotisch, dabei streng koordiniert. Kleine Wunder an jeder Ecke.

Und plötzlich öffnet sich der Wald zur Heide. Bis ins 18. Jahrhundert ließen hier die Bauern ihr Vieh auf einer großen Lichtung unter Hutebäumen weiden. Eicheln waren nahrhaftes Futter. Laub und Zweige aus dem Wald durften die Bauern als Einstreu für ihre Ställe benutzen. So große Bäume sieht man selten auf Heideflächen, knorrig und windzerzaust sehen sie aus. Viele der Traubeneichen sind tot und hohl – aber voller Leben: Fast 400 Käferarten kommen hier vor. Auch Fledermäuse und der seltene Mittelspecht. Wie Kunstwerke ragen die Bäume aus der Heide, verwitterte Baumkunst. Ihre Rinde erzählt eine Geschichte aus anderen Zeiten. Bei einem Picknick kann man den Vögeln lauschen. An einem Wochenende mitten im Sommer hat man die Huteheide meist für sich allein.

Im großen Bogen geht es nach Riebrau zurück. Zwischen Kiefern wachsen junge Traubeneichen. Es wird dauern, bis sie es ans Licht schaffen, aber sie sind auf dem besten Weg.

FAZIT: LUXUS DER EINFACHEN DINGE – WER AM BREESER GRUND ERST MAL WENDLANDLUFT GENIEßT, WILL NICHT SO SCHNELL WIEDER WEG.

DER MOND IST AUF-GEGANGEN

... in der Schwindebecker Heide

Eine Vollmondwanderung ist immer etwas ganz Besonderes. In der Schwindebecker Heide sieht man in der Dämmerung mit etwas Glück Rehe, pflückt Schafgarben, folgt weißen Heidesandwegen und beobachtet, wie der Mond, wenn er erst mal aufgetaucht ist, erstaunlich schnell über den schwarzen Wald steigt.

Kurz vor der Dämmerung leuchtet die Schwindebecker Heide. Hier ist auch in der Hauptsaison schön wenig los – und nachts schon gar nichts.

Ob sie zwischen den Bäumen auf die Wanderer blicken? Wie sie links abbiegen und dem Weg zwischen Feld und Wald weiter folgen?

Es ist soweit: Am Horizont zeigt sich ein kleiner gewölbter Streifen vom Mond. Alle bleiben andächtig stehen. Wie schnell die Kugel aufgeht! Jetzt ist sie schon halb zu sehen, dann dreiviertel, fast schon ganz – und bald ist sie da. Rund leuchtet der Vollmond vom Horizont rüber. Da sind alle ganz still … Es ist so friedlich.

Ein weißer Sandweg führt in die Schwindebecker Heide hinein. Mit 27 Hektar ist sie relativ klein, an einigen Stellen nur wenige Hundert Meter breit. Der Heide-Panorama-Weg durchquert sie auf knapp sieben Kilometern. Die Heide gilt als Geheimtipp, denn es gibt sie noch gar nicht so lang. Bis in die 1990er-Jahre von Briten und Kanadiern als Truppenübungsplatz benutzt, wurde die Fläche nach Ende des Kalten Krieges vom Landkreis Lüneburg gepachtet und renaturiert. An einigen Stellen kam sie von alleine wieder, denn Heidesamen können sich über 100 Jahre im Boden halten und immer noch keimen.

Noch ein bisschen Spätsommersonne tanken, bevor es losgeht mit der Nachtwanderung. Die Bäume ziehen in diesen Tagen ihre goldenen Kleider an, und immer noch blüht die Heide ein bisschen. Langsam verschwindet die Sonne hinter den Bäumen, die sich bald wie Scherenschnitte vom Horizont abheben. Der Himmel färbt sich rosa, schlagartig wird es kühler.

Die Vollmondwanderung führt zunächst am Waldrand entlang. Rehe verschwinden sofort ins Unterholz, sobald man sich nähert. Äste knacken und rascheln. Die Augen müssen sich erst an die Dunkelheit gewöhnen, die Ohren werden gespitzt. Ab und zu weht ein frischer Lufthauch aus dem Wald. Noch sieht man, was am Boden wächst: Kamille und Schafgarbenkraut. Doch auch dafür ist es bald zu dunkel. Fuchs, Dachs und Wildschwein sagen sich jetzt noch nicht Gute Nacht, soviel ist sicher.

Die Steigung den Feldherrenhügel hinauf ist sanft, der Weg so gut zu sehen, dass man nicht mal eine Taschenlampe braucht. Der Mond klettert immer höher, gleich hat er es über die nahen Bäume geschafft. Wenn Luna so schnell steigt, heißt das, dass sie sich wirklich so schnell um die Erde dreht? Oder dreht sich die Erde so rasch um die eigene Achse? Man kommt ins Nachdenken beim Blick in den schwarzen Himmel, an dem sich die ersten Sterne zeigen. Hier

Der Heide-Panorama-Weg führt über den Feldherrenhügel, der helle Sandweg ist auch in der Dunkelheit gut zu sehen. Das letzte Licht des Tages zeichnet Kiefern-Scherenschnitte.

gibt es keine Lichtverschmutzung, der große Wagen ist gut zu erkennen. Nur der Fotoapparat stößt an seine Grenzen. Langsam geht es den Feldherrenhügel auf der anderen Seite hinab, dem Vollmond entgegen. Kinderlieder fallen einem ein: »Der Mond ist aufgegangen, die goldnen Sternlein prangen.«

Hin & weg: Mit dem Auto zum Parkplatz Schwindebecker Heide.

Beste Zeit: Vollmondnächte sind immer fantastisch; Anmeldung zur geführten Vollmondwanderung: Tourismusbüro Lüneburg, www.lueneburg.info

Dauer & Strecke: 1–2 Std. (weil man so oft stehenbleibt, um den Mond zu bewundern), 4–5 km.

Ausrüstung: Taschen- oder Stirnlampe (für den Fall, dass es bewölkt ist). Wer auf eigene Faust unterwegs ist, sollte sich vorher unbedingt vor Ort erkundigen, ob gerade Jagdzeit ist (generell lieber etwas Farbiges anziehen!).

FAZIT: NATÜRLICH ROMANTISCH. DAS WEICHE MONDLICHT VERZAUBERT MENSCH UND NATUR. ZU VIELE STERNE, UM SIE ZU ZÄHLEN.

WER RUHE SUCHT, FINDET SIE

⊰ ... im Kloster Lüne ⊱

#9

Was bedeutet »Auszeit«? Muße, Kopf frei und Inspiration? Das Gefühl, in einer anderen Welt zu sein? Das geht auch ohne Sabbatical. Im mittelalterlichen Kloster Lüne wandelt man durch Kreuzgänge und Klostergarten, bestaunt Kunst und eine der schönsten Barockorgeln Norddeutschlands.

Wer mit einer Führung durch den Kreuzgang des mittelalterlichen Klosters Lüne wandelt und dabei einen Blick auf einen der schönsten Klosterfriedhöfe werfen darf, vergisst die Welt »draußen« schnell.

Der gotische Brunnen in der Eingangshalle steht hier schon seit mehr als 600 Jahren. Seitdem sprudelt er ununterbrochen, es sei denn, er wird gerade gereinigt. Sein Plätschern ist an vielen Stellen im Kloster zu hören. Es ist eine Entdeckungsreise in eine andere Welt.

Über uralte Steinfliesen, an graublauen Barocktüren vorbei. Der Besucher wandelt in einladenden Kreuzgängen, bewundert Fenster aus buntem Glas und lauscht der Konventualin, die in diesem Kloster lebt und über seine Geschichte erzählt: 1172 wurde es gegründet, 1372 durch ein Feuer zerstört, danach im Stil der Zeit wiederaufgebaut. Hier brachte der Lüneburger Adel standesgemäß seine unverheirateten Töchter unter, wehrten sich die Nonnen gegen die Reformation. Der Widerstand in den Klöstern der Lüneburger Heide war vehement, es dauerte Jahrzehnte, bis sich der Protestantismus durchgesetzt hatte.

Einer der schönsten Orte im Kloster ist der Friedhof im Innenhof. Auf den efeubedeckten Gräbern wachsen Rosen, die Backsteinwände strahlen Wärme und Geborgenheit aus. Im Obergeschoss knarzen die Dielen, und aus den Fenstern blickt man über verwinkelte Dächer. Unweigerlich fallen einem Sean Connery und »Der Name der Rose« ein.

Herzstück des Klosters ist die Kirche – allein hier ließe sich ein ganzer Tag verbringen. Die Barockorgel ist eine Hommage an die Musik. Die Orgelpfeifen sind mit Delfinen bemalt, in der griechischen Mythologie ein Symbol für Musik. Das Kloster ist nur mit Führung zu besichtigen, was sinnvoll ist, denn alleine würde man die vielen Details gar nicht sehen. Etwa die von der Decke hängenden Seile: Als vor zwei Jahren das Kloster renoviert wurde, wünschten sich die evangelischen Stiftsdamen, die Glocken weiterhin per Hand zu läuten.

Das Kloster ist heute noch bewohnt. Konventualinnen führen Besucher zu den ehemaligen Nonnenkammern unters Dach und kümmern sich um den Kräutergarten.

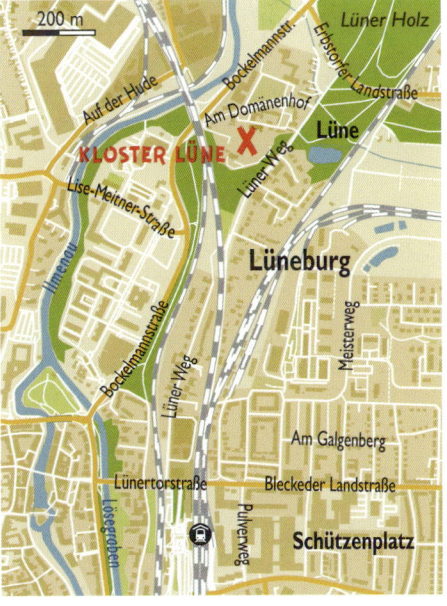

Auch von draußen ist das Koster beeindruckend. Wie die Lüneburger Hauptkirchen liegt es auf der Europäischen Route der Backsteingotik. Im lauschigen Kräutergarten wachsen nach altem Muster Maiglöckchen, Liebstöckel und Rhabarber. Im ehemaligen Kornspeicher gibt es ein Kloster-Café mit Deckenmalerei – bei gutem Wetter wird im Garten serviert. Hier sitzt man herrlich und genießt noch eine Weile die Ruhe.

Zweimal im Monat kann man auf dem prächtigen Nonnenchor an einer ökomenischen Vesper teilnehmen. Sich sammeln, und wer mag, singt mit. Auch eine Form der kleinen Auszeit ...

> **FAZIT: WER MAL AUF GANZ ANDERE GEDANKEN KOMMEN MÖCHTE, DER GEHT INS KLOSTER LÜNE MIT SEINEM GARTEN. EINE REISE IN EINE ANDERE ZEIT.**

Hin & weg: Mit dem Zug nach Lüneburg. Vom Bahnhof sind es über den Lüner Weg 1,7 km bis zum Kloster.

Beste Zeit: Frühling–Herbst. Infos zu Kloster und Führungen: www.kloster-luene.de

Dauer: Ca. 75 Min.

Ausrüstung: Kunstsinn und Muße.

LAUTER KLEINE HEIDE-GEISTER

 ... in der Schmarbecker Wacholderheide

#10

Wer vorher nicht an Gespenster geglaubt hat – hier sieht er sie mit eigenen Augen. Am besten bei Nebel, wenn nur die Silhouetten zu sehen sind. Aber auch im Sonnenlicht ist es schön, zwischen Wacholdern entlangzustreifen und sich vorzustellen, wie sich Heidegeister ihre Geschichten erzählen.

Knorrig, urig, windzerzaust. Stachlig, grün und eigenwillig. Kein Wacholder sieht aus wie der andere, und wenn man noch so lange sucht. Der eine steht gebückt, der andere in die Höhe gereckt. Der eine versucht gerade, da- vonzulaufen, der andere verharrt wie erstarrt. Dort unterhält sich scheinbar eine ganze Gruppe, die Äste in alle Himmelsrichtungen gestreckt. Und da hinten auf einer Kuppe steht ein alter Wacholderbursche, der die

Mister Stachelig hat sich gut gewappnet: Wegen seiner spitzen Nadeln wird Wacholder von Heidschnucken nicht gefressen. Auf dem Faßberg steht das einzige Gipfelkreuz der Heide. Der Berg lässt sich auch ohne Steigeisen erklimmen.

Einsamkeit schätzt und einen weiten Blick. In einiger Entfernung probieren sich die wilden Kerle aus, nehmen allerlei Gestalten an – kleine Heidegeister eben.

Der Wacholderwald in der Schmarbecker Heide gilt als der größte und schönste in Norddeutschland. Hunderte von Wacholdersträuchern, manche meterhoch, wachsen hier auf der Dübelsheide – der Teufelsheide, wie sie auf hochdeutsch genannt wird. Neben den silbrigen Birken, zu denen er oft in unmittelbarer Nähe steht, und im Wind knarzenden Kiefern, ist Wacholder eines der charakteristischen Heidegewächse, und hier in Schmarbeck wächst er oft baumartig.

Verschiedene Wege führen durch die Heide, am besten lässt man sich treiben. Die Bäume sehen von jeder Seite anders aus, es lohnt sich, um sie rum zu gehen. Wer über die verlockend grünen Zweige streicht, wird überrascht: Sie sehen so weich aus – und sind so stachelig! Bei den Germanen galt Wacholder als heiliger Lebensbaum. In der Heide räucherten die Bauern ihren Schinken damit. Heilmittel wurden ebenfalls aus den Sträuchern gewonnen: gegen Rheuma, Kopfschmerzen und Asthma.

Man wandert weiter in den Nachmittag hinein. Wer den längeren Weg geht, quert ein Flüsschen, kommt durch einen kleinen Wald und an einer traditionellen Hofstelle vorbei. Aber es geht gar nicht darum, groß Strecke zu machen. Warum nicht einfach ohne Plan weiterstreifen und auf eine Überraschung in der doch recht flachen Heide stoßen? Ein Gipfelkreuz auf der höchsten Anhöhe, 94 Meter über dem Meeresspiegel.

Und überall Wacholder! Die Beeren sind in den pieksigen Ästen gut versteckt, nur männliche Wacholderpflanzen tragen sie. Im ersten Jahr grün, wenn sie noch nicht reif sind, im zweiten Jahr samtig schwarz. Im Winter dann Lieblingsspeise der Wacholderdrossel. Und unverzichtbare Zutat für Heidschnuckenbraten und Rehrücken. Ja, und Grundlage für Gin. Womit wir wieder beim Heidegeist wären …

Tipp: Im nahen Faßberg kann man im Anschluss das Luftbrückenmuseum besuchen (www.luftbrueckenmuseum.de). Es erinnert an die Zeit der Berlin-Blockade, als hier in der Nähe die Rosinenbomber starteten.

FAZIT: EIN DUNKELGRÜNER, GANZ BESONDERER WALD. EINE WANDERUNG ÜBER DIE SCHMARBECKER WACHOLDERHEIDE WECKT DIE FANTASIE.

Hin & weg: Mit dem Auto nach Faßberg-Schmarbeck und dort der Beschilderung zum Parkplatz Wacholderwald folgen. Dann zu Fuß weiter.

Beste Zeit: Das ganze Jahr über schön, besonders bei dichtem Nebel.

Dauer & Strecke: 1–2 Std., 4,4 km. (Es gibt noch zwei längere Wege: 7 und 12 km. Alle drei eignen sich auch gut zum Radfahren.)

Ausrüstung: Feste Schuhe, Proviant.

WO EIN BACH ENT-SPRINGT

 ... im Büsenbachtal

#11

Was braucht es, um sich in eine Landschaft zu verlieben? Hügelige Heide, einen Bach, der in der Sonne schimmert, und einen kleinen Berg? Ein Tal vielleicht, dass man immer glücklicher verlässt, als man es betritt? Das alles gibt's im Büsenbachtal.

#Vogelbeeren #kleineAue #raufaufdenPferdekopf #dieQuellesuchen

Heide Idyll: Über eine kleine Holzbrücke wandert man von der einen auf die andere Seite des Tals

Wie ein glänzendes Band schlängelt sich der Büsenbach durch das Tal, dem er seinen Namen geschenkt hat. Er ist ein kleines eigenwilliges Wunder. Auf der einen Seite des Tals tritt er ohne Vorankündigung aus dem Boden, spendet auf seinem Weg durch die Heide Feuchtigkeit und Grün, verwandelt seine Ufer in eine kleine Aue, nur um dann genauso plötzlich, wie er aufgetaucht ist, am anderen Ende des Tals wieder im Boden zu verschwinden. Hier wird er erst mal unterirdisch weiterfließen – wer weiß schon, warum –, um später in die Seeve zu münden.

Typisch helle Heidesandwege ziehen sich links und rechts vom Büsenbach durch die Hügel. Zur Blütezeit ist alles in Lila getaucht, im Herbst in Sepia-Tundra-Töne. Dazwischen stehen Birken, als hätte ein Maler als Kontrast ein paar weiße Tupfen gesetzt. Im Nordwesten des Tals erhebt sich der Pferdekopf, immerhin 80 Meter hoch. An seinem Fuß schimmern

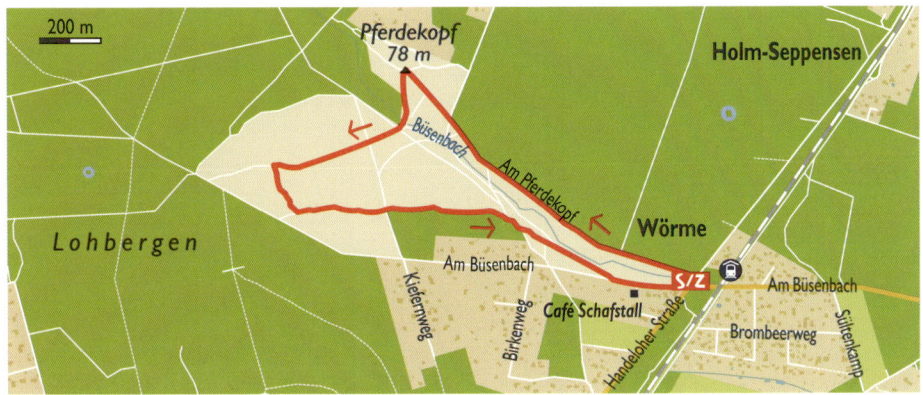

zwischen Kiefern die kleinen Quellseen des Büsenbachs. Fast möchte man keinen Tipp für eine Route geben. Das Tal ist groß genug, dass es Spaß macht, darin spazieren zu gehen, und zugleich klein genug, dass man sich auf keinen Fall verlaufen kann. Hier kann man ohne Plan herumstreifen und mit Muße die Heide bewundern. Die nördlichsten natürlich wachsenden Wacholder bis zur Elbe, kleine Naturgeister, hier festgewachsen, aber im-

Vom Pferdekopf hat man einen schönen Ausblick ins Tal, an seinem Fuß entspringt der Büsenbach, und der Himmel wechselt seine Farbe minütlich.

mer bereit, wieder loszuhuschen – so sehen zumindest einige von ihnen aus. Ein Blick mal nach oben: Da blitzen rote Vogelbeeren vor blauem Himmel, auch andere Beerensträucher, in denen Vögel sitzen und schmausen.

Friedlich ist es hier, dabei stand das Büsenbachtal einst im Mittelpunkt eines Interessenkonflikts: Die einen wollten Heide für die Artenvielfalt (und weil sie schön ist), die anderen Kiefern, um Nutzholz anzubauen, sogar von Bauland war mal die Rede. Schön, dass sich die Heide durchgesetzt hat. Das nahe Handeloh war zwischen 1700 und 1850 Ausspannort an der großen Salzstraße zwischen Lüneburg und Weser und damit ein wichtiger Knotenpunkt für den Kutsch- und Warenverkehr. Heute läuft der berühmte Heidschnuckenweg durch den Ort, 2014 zum schönsten Wanderweg Deutschlands gekürt (siehe Eskapade #41).

Für heute reicht ein Spaziergang: an Bach und Waldrand entlang, auf den Pferdekopf, über die kleine Holzbrücke. Hinter jeder Kurve wechseln die Ausblicke. Anschließend lockt das weit über das Tal hinaus bekannte Café Schafstall (www.cafeschafstall.de) mit Kuchen, aber auch Herzhaftem unter urigem Reetdach. In der kalten Jahreszeit begrüßt ein Lehmofen den Besucher mit wohliger Wärme, im Sommer sitzt man im Garten. Ein Café der Art, dass man einen ganzen Nachmittag mit einem Buch hier verbringen möchte. Passt von der Stimmung perfekt ins Büsenbachtal.

FAZIT: NAH GENUG, UM MAL KURZ HINZUFAHREN, WEIT GENUG WEG, UM DEN ALLTAG ZU VERGESSEN. SPAZIERGANG IN EINEM LIEBLINGSTAL.

Hin & weg: Mit dem Metronom nach Buchholz; von dort per Erixx RB 38 Richtung Hannover bis zur Haltestelle Büsenbachtal.

Beste Zeit: Anfang August–Ende Juli.

Dauer & Strecke: 1–2 Std., 3,5 km.

Ausrüstung: Feste Schuhe, beste Freundin, zur Heideblüte Kamera.

IDEEN-PARK

 ... im Garten der Kunststätte Bossard ⋜

#12

Spitze Giebel ragen hinter dunklen Fichten hervor. In der Nähe von Jesteburg verwirklichte das Künstlerehepaar Johann und Jutta Bossard Anfang des 20. Jahrhunderts seinen Traum vom Gesamtkunstwerk. Mitten im Wald verbergen sich erstaunliche Kunst und Architektur.

#Bildhauerei #KunstundeinGemüsegarten #hintergrünenHecken

Alles, was die Bossards anfassten, verwandelten sie in Kunst.
Auch ihre Hausfassade.

Hier fühlt man sich ein bisschen wie in einem Märchen der Brüder Grimm, oder wie in einer alten nordischen Sage. Die Kunststätte Bossard liegt zwar nicht hinter den sieben Bergen, dafür aber in einem verwunschenen Park, Teil des Gesamtkunstwerks, das die Künstler Johann und Jutta Bossard in der Heide schufen. Alles, was hier heute steht, haben sie auf einer 30 Hektar großen Heidefläche

angepflanzt und gebaut (manches wurde inzwischen erneuert und restauriert). Und alles, was sie anfassten, wurde zu Kunst – so verstanden sie ihr Leben.

Mit diesem Credo verfolgten sie auch eine Utopie. Abseits von den Turbulenzen des modernen Lebens wollten sie im Einklang mit der Natur leben. Werktags lebten und arbeiteten

Handgefertigte Fliesen im Eingangsbereich, eine Skulpturen-Allee aus Stein: Im Park der Kunststätte Bossard warten Überraschungen hinter jeder Ecke.

Auch die Gebäude scheinen aus Märchen zu stammen. Backsteine wurden eigens in unterschiedlichen Formen und Farben gebrannt. Mystische Figuren und sagenhafte Köpfe sind in die Fassade eingearbeitet. Johann Bossard hatte als junger Mann Ofenbauer gelernt, bevor er Bildhauerei studierte. Aus einem roten Sprossenfenster blickt eine Keramikskulptur des nordischen Göttervaters Odin. Die Sagenfigur hat den Künstler zeitlebens beschäftigt. Im Wohn- und Atelierhaus hat er den Eddasaal gestaltet, inspiriert von der nordischen Saga, im expressionistischen Stil. Seine Frau hat das dazugehörige Gudruntor geschnitzt. Im Kunsttempel ist heute sein Zweiter Tempelzyklus zu sehen. Mosaikfußböden, eine bemalte Glasdecke, ein Portal aus getriebenem Kupfer – alles wurde in seine Kunst miteinbezogen.

Ein kleiner windgeschützter Garten ist mit einer Mauer eingefasst. Hier standen Bienen-

sie in Hamburg: Der Künstler Johann Bossard als Lehrer an der staatlichen Kunstgewerbeschule, Jutta Bossard studierte dort Bildhauerei und keramisches Gestalten. Am Wochenende aber machten sie sich in der Heide ans Werk. Und nach Johanns Pensionierung zogen sie ganz raus aufs Land.

Wer den Garten durch die Pforte betritt, versteht, worum es den beiden ging. Gleich links liegt der ehemalige Gemüsegarten: Die Bossards wollten sich zumindest zum Teil selbst versorgen. An anderer Stelle bauten sie Getreide an. Sie ließen Tausende von Bäumen pflanzen und schufen einen doppelreihigen Baumkreis in Form eines Omegas. Vor einer Hecke stehen Skulpturen Johann Bossards und heben sich ausdrucksstark von dem grünen Hintergrund ab.

Hin & weg: Mit dem Auto nach Lüllau, Bossardweg 95. Oder mit dem Metronom nach Buchholz und von dort mit dem Heide-Shuttle nach Lüllau-Seevebrücke (von dort ca. 20 Gehminuten bis zur Kunststätte Bossard) oder mit Bus 4408 (Richtung Brackel) nach Jesteburg-Seevebrücke (von dort kann man in ca. 1 Std. z. T. durch Wald zur Kunststätte wandern: 3,5 km).

Beste Zeit: Immer erstaunlich – aber im Winter ist das Museum nur sonntags geöffnet. Infos unter www.bossard.de

Dauer: Ca. 1 Std. für einen Spaziergang im Garten, ohne Führung in den Gebäuden.

Ausrüstung: Feste Schuhe – v. a., wenn man nach der Besichtigung noch spazieren gehen möchte.

körbe und Obstbaumspaliere. In dem Gesamtkunstwerk gab es keine Trennung zwischen
Kunst und Arbeit, Natur und Religion.

Ganz im Sinne der Bossards finden in der
Stätte heute Kunstworkshops und Ausstel-
lungen statt, es herrscht ein kreativer Geist.
Kunsttempel, Eddasaal und die Privaträume
des Ehepaars können im Rahmen von Führungen besichtigt werden. Der Garten, die
Gebäude von außen und das Café im Hof sind
auch ohne geführte Tour zugänglich.

FAZIT: DIESES REFUGIUM DER BESONDE-
REN ART BEEINDRUCKT NICHT NUR KUNST-
LIEBHABER. ES BIETET INSPIRATION FÜR
GANZ VIEL KREATIVITÄT IM LEBEN.

Tipp: Ein Besuch der Kunststätte Bossard
lässt sich gut mit einer Fahrradtour oder einem Spaziergang in der Gegend verbinden
(siehe Eskapade #39).

KÖNIG DER WÄLDER

⋝ ... bei Hermannsburg ⋜

#13

Im Herbst geht der Rothirsch auf Brautschau. Der Fremdenverkehrsverein Hermannsburg bietet dann Touren in die Nähe von Starkshorn an, eine dünn besiedelte Gegend mit riesigen Wäldern – und vielen Hirschen. Dort kann man ihrem beeindruckenden Röhren lauschen, und mit Glück sieht man sie auch.

Die Luft wird abends kühl, das Laub färbt sich bunt und die Hirschbullen in unseren Wäldern werden unruhig. Ende September, Anfang Oktober beginnt die Zeit der Hirschbrunft. Ein zertifizierter Waldführer bringt einen zumindest in Hörweite und erzählt über das geheime Leben der Hirsche. Wiederkäuer, an die 250 Kilo schwer und immerhin bis zu 1,30 Meter Schulterhöhe. Ihr Geweih tragen sie wie eine Krone. Man fragt sich, wie sie es damit überhaupt schaffen, im dichten Wald nicht ständig in den Ästen hängenzubleiben. Ganz einfach: Sie klappen den Kopf nach hinten. Ihre Augen sitzen seitlich am Kopf, sodass sie trotzdem noch alles gut sehen können.

Hier in der Gegend leben mehrere Hirschrudel. Bevor eines in der Dämmerung eine Lichtung betritt, wird ein Jungtier nach vorne geschickt, als Lockvogel sozusagen. Als nächstes tritt dann das Leittier, meist eine erfahrene Hirschkuh, aus dem Wald. Ob das heute der Fall sein wird? Am Waldrand bezieht man seinen Beobachtungsposten.

Es dauert nicht lange, bis das erste Röhren ertönt. Ein Geräusch, das man schlecht beschreiben kann, da es nichts Vergleichbares

Hin & weg: Treffpunkt ist das Rathaus Hermannsburg; von dort geht's mit dem eigenen Auto oder Fahrgemeinschaften nach Starkshorn.

Beste Zeit: September, Oktober (ganz genau kann man es vorher nicht sagen). Info, Termine und Anmeldung: Tourist Information Hermannsburg, hermannsburg@lueneburger-heide.de

Dauer: Ca. 2 Std., je nach Geduld.

Ausrüstung: Dicke Jacke, Mütze, Handschuhe, wasserfeste Decke (für den Fall, dass der Boden feucht ist), Thermoskanne mit Tee, unbedingt ein Fernglas.

Am Waldrand darauf warten, dass sich Hirsche zeigen – oder auch nicht. Ihr Röhren lässt sich nicht fotografieren, leider, ein Gänsehautgeräusch, auch noch nach Sonnenuntergang.

gibt. Tief, laut und irgendwie heiser. Wenn Brunft ist, sind die Hirsche außer sich: Alles dreht sich darum, paarungsbereite Kühe zu finden und Konkurrenten fernzuhalten. Dann kracht Geweih an Geweih. Und das alles findet im Wald gegenüber statt. Von dort kommen die urigen Laute.

Am schönsten ist es, wenn man sich einfach unter eine der alten Eichen setzt, auf eine Decke, die man sich um die Beine schlägt. Dann wird das Fernglas in Position gebracht, gewartet … und gelauscht. Das Geräusch scheint zu wandern. Erst kommt es von rechts, jetzt fast von gegenüber, aber es klingt immer noch fern. Während der Hirschbrunft ist man hier manchmal nicht allein; die Gegend ist bekannt für das Spektakel.

Die Hirsche gönnen ihrer Kehle eine Pause. Es ist schön, am Feldrand zu sitzen und der Sonne dabei zuzusehen, wie sie hinter dem Wald verschwindet. Links und rechts prasseln die Eicheln auf den Boden. Ein Blick nach oben verrät, wie hoch sich der Baum in den Himmel reckt. Kann sein, dass das Röhren wieder einsetzt, vielleicht sogar an unterschiedlichen Stellen. Archaisch klingt es und auch unheimlich. Es wird dunkler, die Äste sehen schon ganz schwarz aus, aber immer noch weit und breit kein Geweih? Auch ohne sichtbaren Hirsch ist es toll, der Himmel mehr schwarz als dunkelblau. Ein letztes Röhren, an manchen Tagen wollen sie sich wirklich nicht zeigen und ziehen in eine andere Richtung davon.

FAZIT: SICH UNTER EINE ALTE EICHE SETZEN, AN IHREN RAUEN STAMM LEHNEN UND AUF DIE HIRSCHE WARTEN, BIS ES DUNKEL IST. EIN GANZ BESONDERES ERLEBNIS.

IM
ELFENWALD

 ... an der Schwindequelle

#14

Eine zauberhafte Quelle, verborgen im Wald, kristallklar und bunt zugleich. Eine Rundwanderung führt durch Wald, Felder und Heide. Unterwegs leuchten die Farben: Fliegenpilze, pinke Beeren und ein Sonnenuntergang in Rosa und Orange. Dann kehrt tiefer Frieden ein.

#wildeBeeren #magischeQuelle #HerrderRinge #Fliegenpilz&Sternchenmoos

Pfaffenhütchen am Wegrand, kleine
Freuden auf Schritt und Tritt.

Manche Orte sind auf den ersten Blick nicht spektakulär – und verzaubern einen dann doch. Beeindruckt vor den Niagara-Fällen stehen, das kann jeder. Aber hier, in einem kleinen Wald in der Lüneburger Heide von den Socken sein? Der Weg führt etwas bergab, der Laubmischwald ist dicht, mittendrin blinzeln wie kristallklare Augen zwei Quelltöpfe zwischen den Ästen hervor. Hier steigt das Wasser durch die sandigen Schichten nach oben: 60 Liter pro Sekunde, die zweitwasserreichste Quelle Niedersachsens. Die größte, die

Rhumequelle, liegt im Harz. Erstaunlich, dass an manchen Orten einfach so das Wasser aus dem Erdreich nach oben dringt.

So glasklar das Wasser im Quelltopf auch ist: Es schillert in vielen Farben, türkis, rötlich, gelb und grün. Das liegt an den Oxid-ablagerungen, aber die Sonnenstrahlen, die es durchs Blätterdach schaffen, helfen beim Farbenspiel kräftig mit. Am Schwindebach ist der Untergrund feucht, der Wald verwunschen wie im Elfenland. Die Schwindequelle steht

seit 1936 unter Naturschutz, sie hat immer neun Grad und friert im Winter nie zu. Für Wild und Vögel ein Segen.

Der Wanderer orientiert sich an dem gelben Pfeil auf blauem Grund. Die Route führt von der Quelle erst etwas nach links, bevor sie rechts auf einen Grasweg abbiegt. Es geht eine Weile am Feldrand entlang, dann in den Wald. Man kann nicht anders, sondern verlässt den Weg, stromert herum, freut sich über Sternchenmoos und einen leuchtend roten Fliegenpilz. Über den Hamberg gelangt man nach Soderstorf, überquert die Kreuzung und die Luhe und biegt dann rechts Richtung Gut Thansen ab. Herbstbeeren ziehen kurz vorm Winter nochmal alle pink-roten Farbregister.

Auf dem idyllischen Gut kann man unter alten Eichen eine Kaffeepause einlegen (www.gut-thansen.de) – hier findet jedes Jahr übrigens einer der schönsten Adventsmärkte in der Heide statt. Gleich hinter dem Gut weist der gelbe Pfeil zurück Richtung Ausgangspunkt.

Ein größerer Bogen führt weiter die Straße entlang. An der Kreuzung im Wald geht's nach

Hin & weg: Mit dem Auto nach Soderstorf und dort zum Parkplatz Naturwunder Schwindequelle.

Beste Zeit: Das ganze Jahr. Das Café Schwindequelle in der Nähe hat ganzjährig, aber nicht jeden Tag geöffnet; im Sommer sitzt man sehr nett im zugehörigen Garten (www.cafe-zur-schwindequelle.de).

Dauer & Strecke: 2–3 Std. ohne Pausen, 10 km. Wem es nichts ausmacht, im Wald sein Rad gelegentlich zu schieben, der kann die Tour auch im Sattel absolvieren.

Ausrüstung: Feste Schuhe, Gartenschere für Herbststräuße. Karte ist nie verkehrt.

Wenn Wasser einfach aus der Erde tritt, noch dazu 60 Liter pro Minute, dann ist das ein Wunder. Später fließt es in die Luhe, darüber spannt sich Abendrot.

rechts, man verlängert die Schritte, denn die Sonne steht schon kurz über dem Horizont. Bei nächster Gelegenheit biegt man rechts auf einen landwirtschaftlichen Weg ab. Das Licht ist nie weicher als vor der Dämmerung. Der Himmel leuchtet rosa, gelb und orange. Ein Specht tockt vorm Schlafengehen, Nordic Walker drehen noch eine schnelle Runde. So ganz klar ist nicht, wie lange der Rückweg noch dauert, wo genau man das nächste Mal abbiegen muss. Doch gehört das nicht ein bisschen dazu? Man wandert weiter bis zur Luhe. Schwarze Bäume spiegeln sich im Was-

ser und im letzten Abendlicht. Auf der anderen Seite der Steinbecker Hauptstraße kann man sich wieder an dem gelben Pfeil orientieren. In der Dämmerung zeichnet sich undeutlich die Heide ab.

FAZIT: PERFEKT FÜR EINEN NACHMITTAGSSPAZIERGANG. MANCHMAL LIEGT DIE MAGIE IN DEN VERMEINTLICH UNSPEKTAKULÄREN DINGEN.

DAS GLÜCK DER ERDE

⋝ ... in der Heide bei Sudermühlen ⋜

#15

Wer jemals den Traum hatte, in einsamer Landschaft über endlose Sandwege zu galoppieren, der ist in Sudermühlen am Naturpark Lüneburger Heide genau richtig. Keine Zäune, keine Straßen, nur Heide, soweit das Auge reicht. Und dann ist es ja nichts Neues: Das Glück der Erde liegt auf dem Rücken der Pferde.

#Herbstleuchten #Pferdeschnauben #galoppieren #auf&davon

Heidschnucken scheuen nicht vor Pferden – eher andersrum, wenn die Pferde den Anblick nicht gewohnt sind.

Heideland ist Pferdeland. Das sieht jeder sofort, der hier unterwegs ist. Große Koppeln, die sich bis zum Waldrand ziehen. Weiden hinter alten Niedersachsenhöfen. Obstgärten, in denen die Ponys der Kinder grasen. Hier kann man die schönsten Reiterferien verbringen. Aber auch wer die Heide nur für ein paar Stunden im Sattel erleben möchte, findet Möglichkeiten. Zum Beispiel bei Svenja Kratel, die in Sudermühlen geführte Ausritte anbietet.

Die hübschen Pferde stehen schon auf der Stallgasse und warten auf ihren Einsatz. Putzen, auftrensen und satteln – schon der Umgang mit den großen warmen Geschöpfen macht Spaß. Wie gut es nach Pferd und Leder riecht. Von oben sieht die Welt dann gleich ganz anders aus. Gemütlich im Schritt geht's über die Brücke in Sudermühlen in die Heide

hinein. Hunderte Kilometer Wander-, Rad- und Reitwege sind von hier aus zu erreichen. Die Bäume haben ihre schönsten Herbstkleider angezogen, das Laub scheint zu leuchten. Die Pferde sind entspannt und schreiten fleißig aus, noch hat der Reiter die Zügel lang, tätschelt zwischendurch den Hals.

So lange kennt man sich ja noch nicht. Zeit, den Blick schweifen zu lassen in die weite Heidefläche. Dass sie so schön aussieht, schafft sie nicht allein. Alle paar Jahre wird auf ausgewählten Flächen die obere Schicht entfernt, damit die Heide nicht verholzt und verbuscht. Plaggen nennt man das. Jung und kräftig wächst sie schon im folgenden Jahr wieder nach. So bleibt die kostbare Kulturlandschaft erhalten, und mit ihr die Artenvielfalt. Auf dem Pferd passt man perfekt in diese friedliche Landschaft, als gehörte man schon immer dazu. Vielleicht sieht man Rehe – sie haben vor Pferden keine Scheu.

Hin & weg: Mit dem Auto zum Landhaus Kratel in Sudermühlen (www.landhaus-kratel.de). Wer mit dem eigenen Pferd ausreiten möchte, parkt am besten vorm Hotel Hof Sudermühlen.

Beste Zeit: Mai–Oktober; aber auch ein Winterausritt kann traumhaft sein.

Dauer & Strecke: 1 Std., ca. 6 km. Lässt sich individuell auf mehrere Stunden bis zum Tagesausritt mit Rast unterwegs verlängern.

Ausrüstung: Reithose, -stiefel oder -stiefeletten, Reitkappe (ein Muss), (Reit-)Handschuhe; Können und Kondition sollte man realistisch einschätzen.

Eins der schönsten Reitgebiete in Deutschland: der Naturpark Lüneburger Heide. Es soll Reiter geben, die nach ihrem Urlaub extra deswegen hierhergezogen sind – ihr Pferd haben sie gleich mitgebracht.

Man trabt an, hört nur das Schnauben der Pferde. Es geht an einem Heidschnuckenstall vorbei. Der Boden ist perfekt, nicht zu hart, nicht zu weich, keine Steine. Der Weg führt einladend geradeaus.

Wer könnte da widerstehen? Schon wird angaloppiert, ein kleiner Freudenbuckler, die Ohren gespitzt, die Reiter im leichten Sitz nach vorne gebeugt. Man spürt den Wind im Gesicht, den gleichmäßigen Rhythmus, fühlt die Kraft und den Spaß, den es den Pferden macht. Links und rechts flitzen die Wacholder vorbei. Durchparieren ist kein Problem, die Pferde sind wirklich sehr brav. Im Schritt geht es in der Abendsonne dann wieder nach Hause. Hätte man doch die große Runde gewählt!

FAZIT: IN DER HEIDE WERDEN REITER-TRÄUME WAHR. MIT EIGENEM ODER GELIEHENEM PFERD. HIER IST ALLES MÖGLICH.

WIE IN DER TUNDRA

 ... am Grundlosen See

#16

Man muss nicht immer nach Lappland oder Kanada fahren, um das Gefühl zu haben, in der Tundra zu sein. Ein Besuch eines der Moore in der Lüneburger Heide kann genauso verzaubern. Im Grundlosen See spiegeln sich die Bäume, und im gleichnamigen Moor glänzen die Tautropfen.

#Schwingrasen #zarteSpinnweben #HerbstSpiegel #KanadainderLüneburgerHeide

Erst geht's durch Wald, bevor man zum See kommt, an Sonnentagen Strahlen inklusive.

Zugegeben: Die Weite ist hier nicht ganz so grandios wie in Kanada. Es laufen auch keine Karibus herum. Aber die Farben, die Stimmung, die weiche Luft im Naturschutzgebiet Grundloses Moor können es für einen Ausflug mit den großen Tundra-Brüdern im höheren Norden schon mal aufnehmen.

Ein Waldweg führt in das Moor hinein. Frühmorgens steht an einem Herbsttag noch Nebel zwischen den Bäumen, Spinnenweben hängen zwischen den Zweigen. Moorfrösche und Ei-

dechsen bereiten sich auf ihren Winterschlaf vor. Feuchtigkeit steigt auf, fast hört man es tropfen. Der Herbst malt mal wieder: Gelbe Farne, Birkenlaub und Lärchen heben sich von dunkelgrünen Fichten ab. Der Weg öffnet sich unvermittelt zum Grundlosen See. Er liegt so still da, tiefblau, gelb-golden umrahmt. Und spiegelglatt, als ruhe er sich aus. Der Waldrand steht Kopf darin wie in einem großen Spiegel. Wenn sie nicht grad ausgeflogen sind, schnattern hier Enten, Gänse und Zwergtaucher, mit ihrem hellgrünen Fleck zwischen Auge und Schnabel.

Tautropfen und Morgensonne: Früh am Tag sind Moor und Grundloser See am stimmungsvollsten. Ob beim Spazierengehen, Joggen, Radeln – rund um den See ergeben sich viele schöne Ausblicke.

Sobald es wärmer wird, verzieht sich der Nebel, die Sonne strahlt einem aus dem See entgegen. Spaziergänger mit Hund, vereinzelt Jogger – sonst herrscht Ruhe an einem Herbstmorgen, zumal unter der Woche. Im Sommer ist mehr los. Man wandert zwischen See und Moor.

Früher stachen hier die Bewohner von Walsrode und den angrenzenden Dörfern Ebbingen und Fulde Torf. Das Moor wurde entwässert, Gräben wurden angelegt, Dämme befestigt, über die der begehrte Heizstoff abtransportiert werden konnte. Eine Verordnung von 1688 schrieb vor, dass jedes Torffuhrwerk, das das Stadttor von Walsrode passierte, den Wachen drei Stücke Torf abzugeben hatte. Was müssen die Öfen damals gequalmt haben! Tief atmet man die Moorluft ein – so gut!

Mit dem Abbau ist hier längst Schluss, heute lässt man Teile des Moores wieder vernässen. Glockenheide, die Trockenheit überhaupt nicht verträgt, und viele andere spezielle Pflanzen haben wieder mehr Raum zum Wachsen. Man kommt an sumpfigen Moorlöchern vorbei, in denen teils noch Wasser steht. Andere wachsen von den Seiten her langsam zu,

Hin & weg: Mit dem Auto zum Parkplatz bei Ebbingen (an der L161 zwischen Walsrode und Visselhövede; im Dorf an der ersten Kreuzung links in den Wald; am Waldrand dann rechts abbiegen).

Beste Zeit: Herbst, Winter.

Dauer & Strecke: Ca. 2 Std., 5 km.

Ausrüstung: Feste Schuhe, warme Jacke (so lässt es sich auf einer der Bänke am Ufer länger aushalten).

See und die umgebenden Wälder liegen mitten im Naturschutzgebiet. In Wald und Moor ist allerhand los, was der Besucher meist gar nicht zu Gesicht bekommt.

und es entsteht Torfmoosschwingrasen. Wie gefährlich ist es denn nun, querfeldein durch ein Moor zu wandern? Irgendwoher muss doch das berühmte Gedicht von Annette von Droste-Hülshoff stammen: »Der Knabe im Moor«. Hier bleibt man auf dem festen Weg, aber man kann sich gut vorstellen, wie unheimlich es früher war, durchs Moor zu gehen, nachts, nur mit Lampe, auf unbefestigten Pfaden. Man umrundet den See in einem Bogen und biegt auf dem Rückweg links in den Wald.

Schön war es in dem Herbstgemälde, hier muss man nochmal im Winter hin, wenn alles mit Raureif überzogen ist. Bleibt noch die Frage, wie tief der Grundlose See eigentlich ist. Zwei Meter! Aber es ist viel schöner, sich vorzustellen, dass er unergründlich ist, wie das Moor in Droste-Hülshoffs Gedicht.

Tipp: Wer mit dem Auto unterwegs ist und Lust hat auf mehr, der erreicht leicht den nahen Vogelpark Walsrode oder in Walsrode das älteste Kloster in der Lüneburger Heide.

FAZIT: AM SEEUFER WARTET EINE BANK AUF MOORROMANTIKER, UND MAN DENKT WIE SO OFT: DIE NATUR IST WIRKLICH DIE GRÖßTE KÜNSTLERIN.

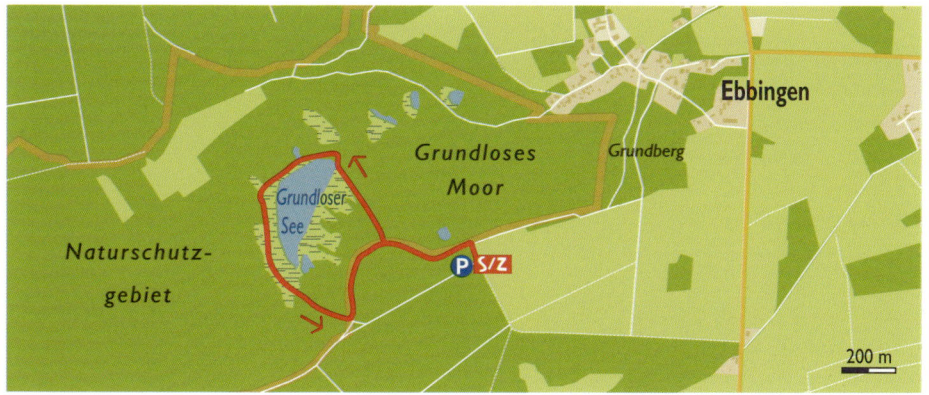

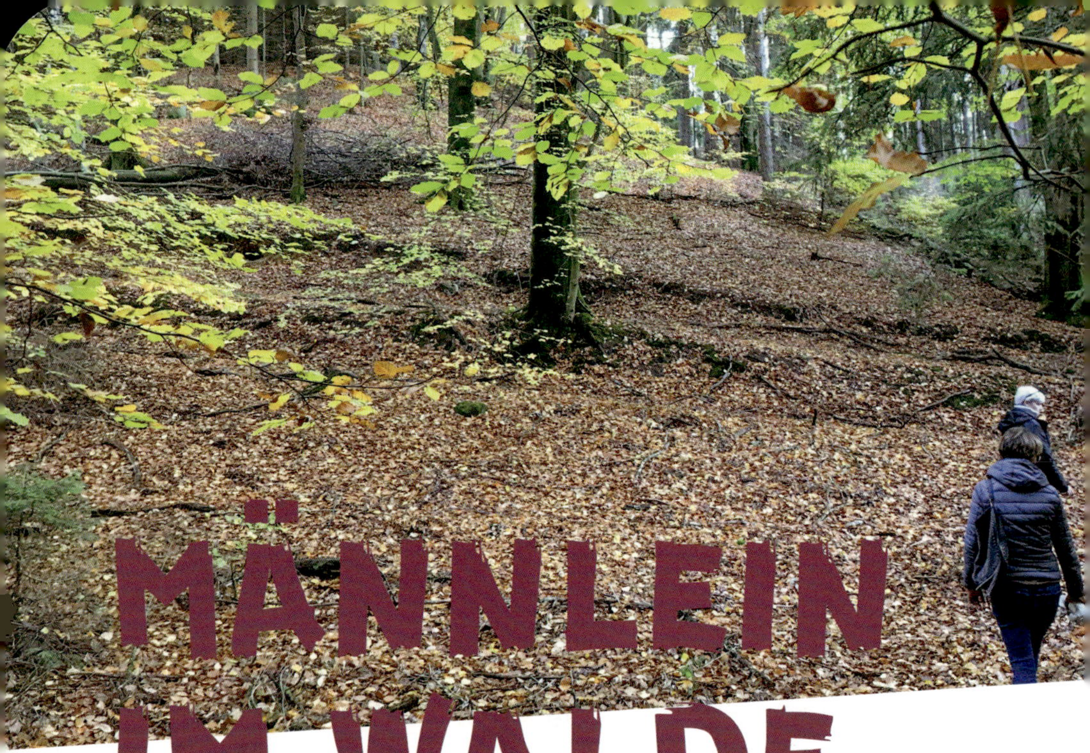

MÄNNLEIN IM WALDE

… in Rehlingen

#17

Ein richtiger Pilzsammler verrät seine Sammelstellen nicht. Daher ist jede vorgeschlagene Route immer nur eine Annäherung an gute Pilzgründe. Jeder wird sich im Lauf der Jahre seine eigenen Fundstellen erschließen. Zum Beispiel in einem der herrlichen Mischwälder bei Rehlingen.

#mehrSammleralsJäger #Adleraugen #Herbstgold

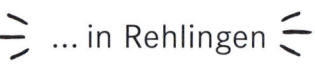

Sammlerglück: Abends werden Marone und Co. in der Pfanne schmoren.

Maronenbraun, butterpilzbeige, pfifferling-orange: Pilze tarnen sich zwischen dem Herbstlaub oft perfekt. Auch der dunkelbraune Steinpilz, König aller Pilze, ist nur mit Adleraugen unter den Buchen und Eichen zu entdecken, wo er besonders gerne wächst. Der kleine Ort Rehlingen mit seinen Mischwäldern ist ein guter Ausgangspunkt für einen Pilzausflug. Abseits der Wege, richtig tief im Wald, ist es am schönsten. Man verlangsamt automatisch den Schritt.

Wer hetzt, wird nichts finden. Das Auge muss sich erst auf die Suchdistanz einstellen, und da stehen sie schon: die ersten kleinen Wichte. Sehen sie mit etwas Fantasie nicht aus wie Pfifferlinge? Schön wär's, aber vielleicht sind sie es gar nicht. Lieber nicht pflücken, alle undefinierbaren Pilze sollte man tunlichst stehen lassen. Schlimmstenfalls sind sie giftig, aber auch wenn nicht: Schon ein einziger Bitterling kann die ganze Pilzpfanne verhageln.

Aber dass hier überhaupt Schwammerl wachsen, ist ein gutes Zeichen. Es duftet erdig und doch frisch, harzig und belebend, moosig und dann richtig doll nach Pilzen. Die Nase sammelt mit. Erschnuppert sie was, dann stehen sicher nicht weit entfernt verführerische braune Kappen am Fuß eines Baumes. Maronen, gleich mehrere, nicht riesig, aber dafür knackig, mit perfektem Schirm. Ab damit in den Stoffbeutel!

Der Wald ist abwechslungsreich, zieht sich in leichten Hügeln bergauf und bergab. An umgestürzten Baumstämmen stehen dunkelbraune Pilze, dicht gedrängt. Was das wohl für welche sind? Vorsichtshalber stehen lassen. Aber irgendwann endlich, der erste, zweite, dritte Steinpilz! Ein Triumph. Wer nach einem Pilzausflug erzählen kann, er habe *porcini* gefunden, wird anerkennende Blicke ernten.

Weiter Augen offenhalten. Eine Krause Glucke wäre toll, kein Huhn, sondern ein äußerst schmackhafter Pilz, der wie ein Badeschwamm aussieht. Oder doch noch Pfifferlinge. An Sonnentagen blitzen Strahlen an den Stämmen vorbei. Wer zu mehreren unterwegs ist, wird sich zwischendurch aus den Augen verlieren. Der Wald hat Sogwirkung in alle Richtungen. Ganz klar, da hinten sieht es nach besonders vielen Pilzen aus!

Es macht Spaß, sich im Wald zu verlieren, aber ein bisschen sollte man die Orientierung behalten. Noch leuchtet der Wald in allen Goldtönen, die sich der Herbst nur ausdenken kann. Die Zeit vergeht schneller, als man denkt. Hinter einem Vorhang aus Blättern und Ästen schimmert die Lopau, die man hier gar nicht erwartet hat. Ihr Lauf weist die Richtung nach Hause.

Baumpilze sehen toll aus, sind aber keine Speisepilze. Umso besser schmecken Steinpilze und Maronen. Wer gar nichts findet, genießt den Wald: Laubrascheln und goldene Blätter an der Lopau.

Hin & weg: Mit dem Auto nach Rehlingen (bei Amelinghausen) und dort ans Ende der Bauernstraße fahren (geht von der Hauptstraße ab). Von dort in den Wald.

Beste Zeit: Herbst. Wer wider Erwarten nichts findet, kehrt zum Trost später in Amelinghausen im Café im Speicher ein (www.café-im-speicher.info). Es hat Winterpause bis Ende März.

Dauer & Strecke: Hängt vom Sammlerglück ab, aber unter zwei Stunden lohnt es sich kaum.

Ausrüstung: Stoffbeutel, Messer, stabile wasserfeste Schuhe, Pilzbestimmungsbuch oder -App. Immer auf Nummer sicher gehen!

GLÜCKLICH UNTER BÄUMEN

 ... im Arboretum in Melzingen

 **#18**

»Gärtner sind die glücklichsten Menschen«, heißt es in einem chinesischen Sprichwort. Wer den verwunschenen Park des Arboretums Melzingen bei Ebstorf betritt, versteht, was gemeint ist. An duftenden Blüten riechen, Bäume bewundern – was braucht es mehr?

#Gingko #bunteBlätterpracht #Gartenparadies #Baumschätze

Wenn man ihn lässt, wächst
der Mammutbaum vielleicht noch
über 2000 Jahre.

Christa von Winning floh nach dem Krieg aus der Mark Brandenburg, in ihrem Rucksack einen Kirschapfel, Samen und Schösslinge aus dem heimischen Garten. Sie ist auf einem Gut aufgewachsen und hat nach der Schule Gärtnerin gelernt, sehr ungewöhnlich für ein Mädchen in der damaligen Zeit. Im Arboretum Melzingen schuf sie ihr Lebenswerk.

Was für eine bemerkenswerte Frau, die diesen Zaubergarten mit eigenen Händen angelegt hat. Kaum mit ihrer sechsköpfigen Familie in der Lüneburger Heide angekommen, krempelte Christa von Winning buchstäblich die Ärmel hoch. Sie bewirtschaftete auf dem ihr zugeteilten Stück Land einen Nutzgarten und verkaufte das Gemüse auf dem Markt in Uelzen. Später

Torbogen zu wunderbaren Bäumen: Im Arboretum wachsen mehr als 800 Pflanzen. Mit genauso vielen Ideen wird der Gartenfreund nach Hause gehen. Warum nicht mal selber lila Liebesperlen pflanzen?

pachtete sie Land dazu, erwarb dieses schließlich, pflanzte einen Staudengarten und verkaufte Blumensträuße und Gestecke auf dem Markt. Vor allem aber pflanzte sie immer neue Bäume. Von über 70 Gartenreisen in vieler Herren Länder brachte sie Samen zurück – mediterrane, japanische, amerikanische und einheimische, auch Pflanzen aus ihrer alten Heimat. Von 1982 an widmete sie sich ausschließlich ihrem Garten und machte daraus ein Paradies. 800 Pflanzen wachsen hier heute.

Herbst ist die Jahreszeit, um die bunte Blätterpracht zu genießen. Von der alten Eselsweide grüßt ein Gingkobaum herüber, der Glück und langes Leben verspricht. Was für eine schöne Form seine gelben Blätter haben! Der Gartenfreund nimmt ein heruntergefallenes Blatt wie ein Schmuckstück in die Hand. Die Wege sind nach Pflanzen benannt; am Rosenweg blitzen

die letzten gelben, rosa, weißen Blüten in den Spätherbst hinein. Was gibt es hier nicht alles zu entdecken! Versteckte Lichtungen hinter Hecken, auf denen kleine Bänke stehen; lila Beerenperlen vor orangefarbenen Blättern – eine inspirierende Farbkombination.

Überall Pflanzenschätze. Große Pyramideneichen und ein Tulpenbaum. Eine Zwergfadenzypresse, deren Zweige so weich aussehen, dass man sie zart über die Hand streichen lässt. Bei den Lärchenzweigen macht man es genauso, sie sind noch weicher. Zwischen den Bäumen wachsen Wildrosen. Wie wird es hier im Frühling duften, Schmetterlingsland! An Zierapfelbäumen leuchten noch gelbe Äpfel, ein Picknickfest für die Vögel. Rosa-weiße Beeren hängen im Bündel von Zweigen, die schon kahl sind, rostrote Zapfen streckt der Essigbaum in die Höhe. Unglaublich, was Bäume

und Sträucher im Herbst für Früchte tragen, die man ihnen im Sommer nie zutrauen würde.

Was muss Christa von Winning für eine Energie gehabt haben, diesen Garten zu schaffen? Sie wurde 100 Jahre alt, 2012 ist sie gestorben. Den Mammutbaum pflanzte sie 1960 – er kann zwischen 500 und 2500 Jahre alt werden!

Hin & weg: Mit dem Metronom nach Uelzen; vom Bahnhof mit dem Entdeckerbus zum Arboretum in Melzingen (Fahrplan: www.heideregion-uelzen.de). Sonst vom ZOB Uelzen mit Bus 7050 nach Melzingen-Schwienau; von dort sind es ca. 8 Gehminuten.

Beste Zeit: Frühling, Sommer, Herbst (im Winter ist der Garten geschlossen), Infos auf www.arboretum-melzingen.de

Dauer: 2 Std. oder so lange man will.

Ausrüstung: Muße.

FAZIT: DER GARTEN DER BÄUME VERZAUBERT ZU JEDER JAHRESZEIT, EIN PARADIES FÜR ENTDECKER UND TRÄUMER.

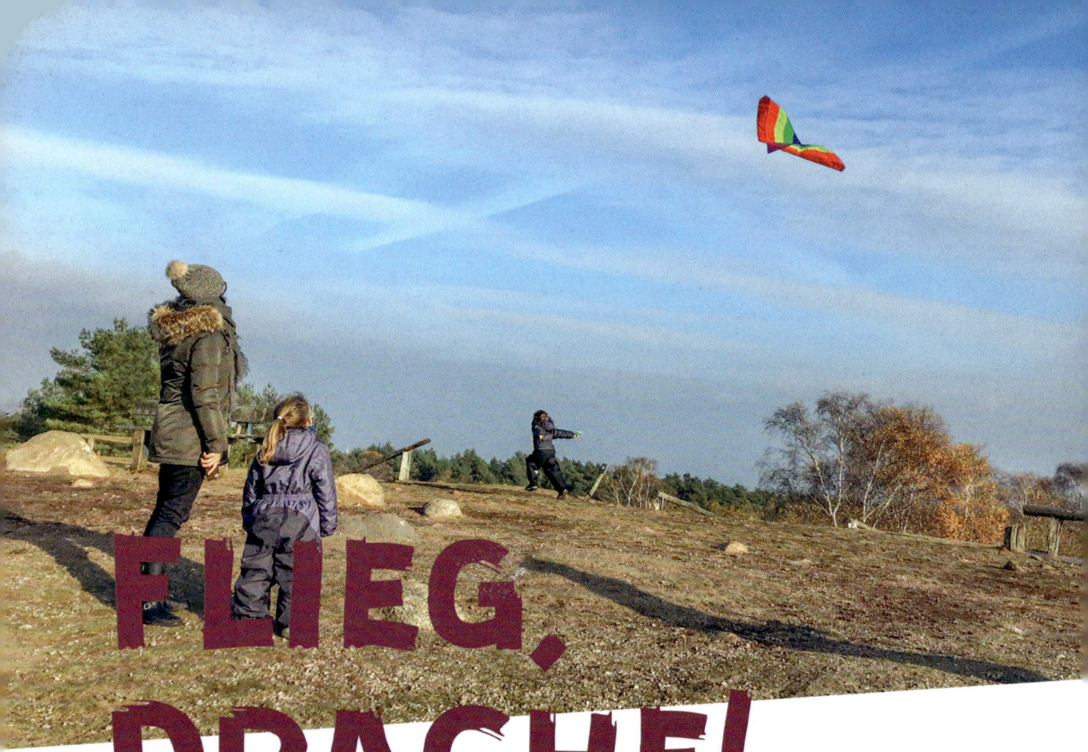

FLIEG, DRACHE!

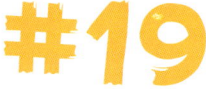

… auf dem Brunsberg

#19

Mit 129 Metern ist der Brunsberg zwar nur die zweithöchste Erhebung in der Heide, aber er braucht sich vor seinem großen Bruder in Wilsede nicht zu verstecken. Auf ihre Art sind sie unterschiedlich genug, um jeder für sich besonders zu sein. Rauf geht's durch die Höllenschlucht, und oben kann man Drachen steigen lassen.

#Luftikus #Kinderlachen #bergaufLauf #kleinerBerg #machtguteLaune

Die Brunsbergheide geht's durch die Höllenschlucht. Sie ist vor allem eins – teuflisch schön.

Ein Bayer würde über die Bezeichnung Höllenschlucht schmunzeln, aber für Heideverhältnisse ist sie eben eine kleine Schlucht, noch dazu eine sehr malerische. Im Wald duftet es nach Harz. Gelbe Blätter fallen schaukelnd auf den Boden. Mit den Füßen raschelt man durch das Laub, Lieblingsherbstgeräusch aus Kindertagen. Wie immer im Wald gibt es viel zu entdecken: Moos an abgebrochenen Ästen, Eichenblätter, die in Farnen hängen, Rinde, die aussieht wie die Haut alter Elefan-

ten. Links und rechts zieht sich die Böschung hoch. Wurzeln krallen sich in den Boden. Der nächste Sturm kommt bestimmt, dann müssen sie die Bäume halten!

Es geht bergauf. Eine schöne Strecke – nicht nur für Spaziergänger, sondern auch für Mountainbiker und Jogger. Im Herbst findet hier immer der Brunsberglauf statt (www.brunsberglauf.de); da hilft es sehr, das ganze Jahr über fit zu bleiben.

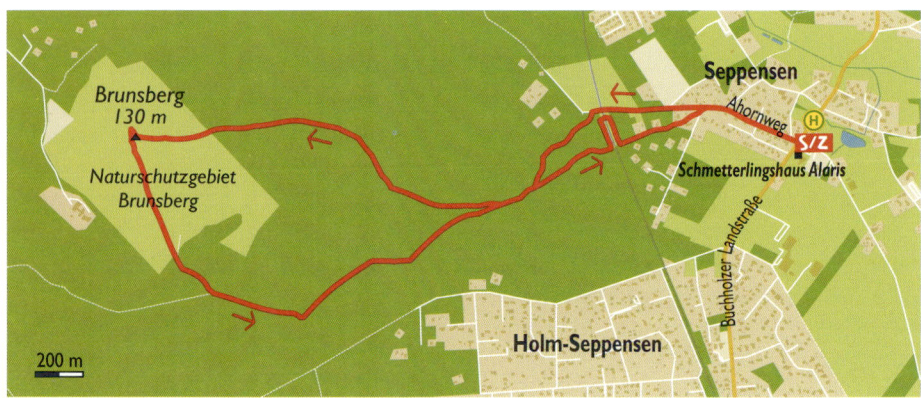

Spielwiese für jung und alt. Der eine joggt, der andere lässt Drachen steigen oder sitzt einfach nur auf der Bank. Der Blick vom zweithöchsten Berg der Heide ist sensationell: 360 Grad Natur.

Weiter vorne lichten sich die Bäume. Man tritt aus dem Wald und kann es nicht fassen: Der Blick auf die Heide zu Füßen des Brunsbergs verschlägt einem die Sprache. Dann weitet sich das Herz – so weit wie die Landschaft. So schön sind im Herbst die Farbtöne. Das Ganze in Lila zur Blütezeit würde vor lauter Farbe vermutlich blenden. Wäre vielleicht sogar zu viel der Schönheit. Der Anstieg auf den Heideberg ist gemütlich; die Mountainbiker und Jogger

müssen sich da schon mehr anstrengen, trinken oben aus ihren Flaschen und messen die Zeit. Man selbst hat mehr Muße, um über die Heide zu blicken. An einigen Tagen ist beim Anstieg schon zu sehen, dass oben ein bunter Drachen am Himmel seine Kurven zieht – bevor er sich mit der Spitze voran ins weiche Heidekraut bohrt.

Der Blick vom Brunsberg ist grandios. Die Heide zeigt sich im 360-Grad-Panorama und zieht sich bis zum Waldrand hin. Ist der Drachen mittlerweile wieder in der Luft? Jetzt muss er doch einfach oben bleiben! Man erinnert sich, wie man als Kind auch immer weitergerannt ist, als der Luftikus an seiner Schnur hinter einem schon längst wieder am Boden war. Das nächste Mal wird man selbst einen Herbstboten mit auf den Brunsberg nehmen.

Hin & weg: Vom Bahnhof Buchholz zu Fuß zum Bahnhof Buchholz-Canteleu; von dort mit dem Bus 4103 bis nach Seppensen-Mitte. Dann zu Fuß zum Ahornweg. Gegenüber vom Schmetterlingshaus Alaris diesen runter Richtung Brunsberg wandern.

Beste Zeit: Spätsommer (Heideblüte), Herbst (Laubfärbung und Tundrafarben), Winter (Raureif oder Schnee), Frühling (Vogelkonzert).

Dauer & Strecke: Ca. 2 Std. Gehzeit (plus die Zeit zum Schauen und Staunen), 7,5 km.

Ausrüstung: Feste Schuhe, Drachen; wer für den Brunsberglauf trainieren möchte: Laufschuhe und -klamotten.

VON NEBEL BIS GOLD

 … auf literarischen Spuren in Bargfeld

#20

Das Dorf Bargfeld liegt so abgeschieden, dass sich Fuchs und Hase hier tatsächlich Gute Nacht sagen könnten. Schon die Anfahrt führt durch gefühlt menschenleere Gegenden. Die Wanderung »Kühe in Halbtrauer« durchquert eine etwas melancholische Landschaft. Wunderschön.

#Feldwege #PicknickfestfürVögel #Lutter #Badesee

Tagträumen am Bargfelder Wether. Hier ist nicht viel los und das ist schön!

Es ist so neblig, dass man nur ganz langsam fahren kann. Sanfte Grau-, Grün- und Erdtöne, schemenhafte Waldränder, Bauernhöfe, alles kurz vorm Winterschlaf. Die Straßen werden immer kleiner, das Navi ist irritiert. Aber da ist endlich Bargfeld, wohin sich Arno Schmidt, einer der großen deutschen Nachkriegslite-raten und Verfasser von »Zettels Traum«, mit

seiner Frau Alice zurückgezogen hat, um in Ruhe schreiben zu können. Von 1958 bis 1979 lebte er hier und ließ sich von Landschaft und Menschen zu seinen Geschichten inspirieren.

Eine Stiftung verwaltet im Ort heute den Nachlass. Nach Voranmeldung kann man das kleine Holzhaus, in dem das Ehepaar lebte,

Augenweide: Das Flüsschen Lutter wurde an einigen Abschnitten renaturiert. Auf der Wanderung quert man es zweimal.

In weiter Flur ließ sich der Schriftsteller Arno Schmidt zu seiner Erzählung »Kühe in Halbtrauer« inspirieren, die der Wanderung ihren Namen gab.

im Rahmen einer kostenlosen Führung besichtigen. Das Arbeitszimmer mit der Bibliothek. Schmidts Schreibtisch, ein Siebzigerjahre-Stillleben: die Adler-Schreibmaschine, daneben ein Weltempfänger. Schmidt war beeinflusst von Sigmund Freud und James Joyce, mit dem er oft verglichen wurde. »Zettels Traum«, ein monumentales Werk, in drei Spalten geschrieben, liegt in einer Suhrkamp-Prachtausgabe auf dem Tisch.

Die Wanderung »Kühe in Halbtrauer« ist nach einer Erzählung Arno Schmidts benannt und startet am Ortsrand. Es riecht gut nach Wald und Erde, dicke Krähen lassen sich auf Stoppelfeldern nieder. Am Rand des Postmoors steht ein Aussichtsturm: traumhaft, dort oben den verschiedenen Vogelstimmen zu lau-

schen. Ein Tschilpen und Quesen, dazwischen langgezogene, fast wehmütige Töne und von ganz oben ein sehr hohes Zwitschern.

Man streift Bargfeld, das man im Bogen umrundet hat, quert die Lutter, und weiter geht es Richtung Heese. Kommt erst die Sonne durch den Nebel, dann schimmert das Grün der Wiesen silbern, auf einigen Feldern wächst Wintergemüse. Bitte aufpassen, man muss rechtzeitig Richtung Endeholz abbiegen. Ein Feldweg, eine kleine Allee, führt rechts in die friedliche Landschaft hinein. Man kann sich gut vorstellen, wie Arno Schmidt hier spazieren gegangen ist, nur von den halbtraurigen Kühen ist weit und breit keine Spur. In Endeholz hält man sich wieder rechts. Ein Hahn kräht, irgendwo brennt ein Laubfeuer, und es blühen noch ein paar tapfere Malven, bevor der Frost sie oben auf ihren Stängeln erwischt. Und da stehen endlich in einem großen Laufstall auch Kühe – schwarz-weiß, wie es sich für diesen Landstrich gehört.

Die Lutter ist hier besonders malerisch. Gräben, die einst die Felder entwässert haben, wurden geschlossen, sodass die Gegend wieder zum Feuchtgebiet wurde. Erlenbruchwälder, Otter, Libellen danken es, und in dem Flüsschen sollen sogar wieder Perlmuscheln leben. Zurück am kleinen Badesee in Bargfeld kann man sich in den Holzliegestuhl setzen, auf goldene Birken am Ufer schauen und warmen Tee aus der Thermoskanne genießen.

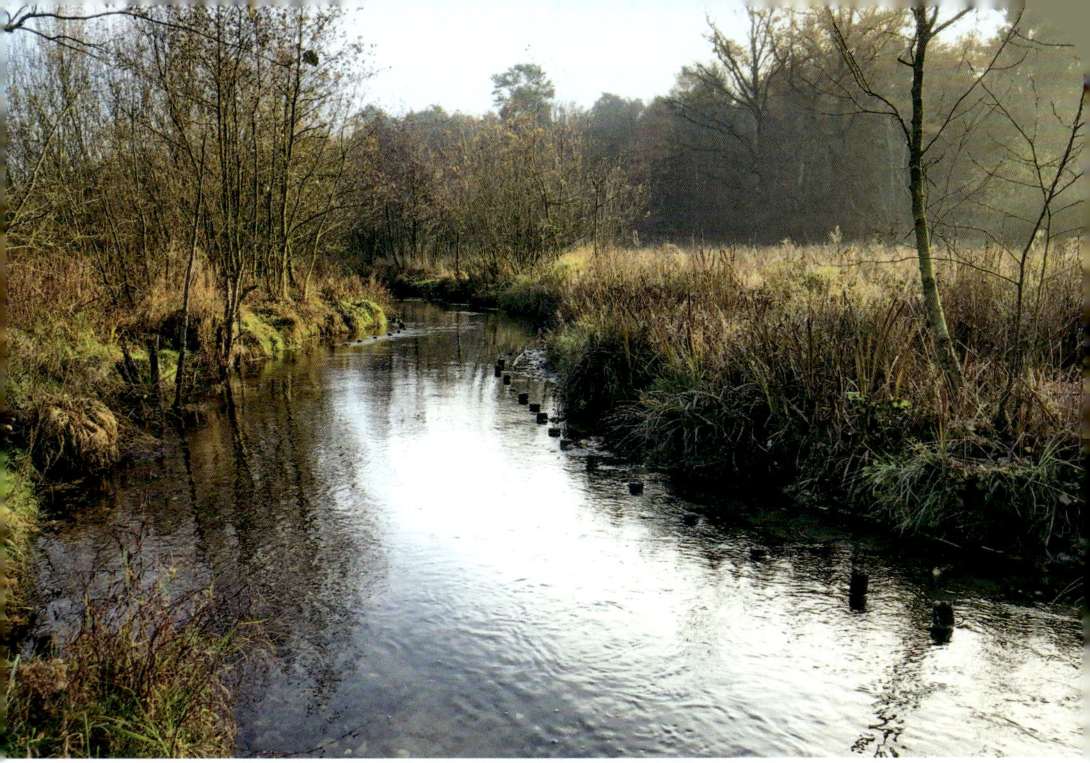

FAZIT: VON DIESER WANDERUNG GEHT ETWAS UNGLAUBLICH BERUHIGENDES AUS. GERNE AUCH BEI NEBEL.

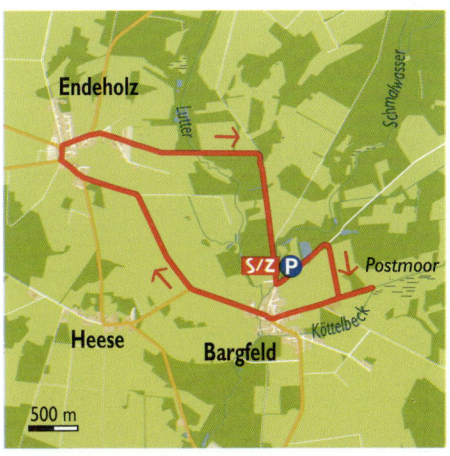

Hin & weg: Mit dem Auto zum Parkplatz am Ortsrand von Bargfeld (am Badesee). Eine kurze und eine mittlere Tour sind von dort mit Piktogrammen gut ausgeschildert.

Beste Zeit: Frühling, Sommer (wer baden will: An dem Badesee gibt es Sandstrand und Steg; dazu Tische, Bänke, Grillplatz), Herbst. Führungen durchs Arno Schmidt-Haus sind ganzjährig möglich (www.arno-schmidt-stiftung.de).

Dauer & Strecke: 2–3 Std., 10 km.

Ausrüstung: Feste Schuhe, Picknick, Getränke, ggf. Badesachen, »Kühe in Halbtrauer« von Arno Schmidt.

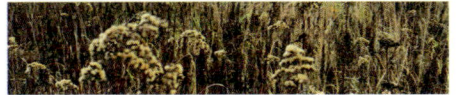

FRIESEN IN DER HEIDE

... im Höpen

#21

Kutschfahrten in der Lüneburger Heide sind ein Klassiker; es gibt kaum eine nostalgischere Art der Fortbewegung. Im Winter ist es besonders stimmungsvoll. Schöne Möglichkeiten bieten sich im Höpen bei Schneverdingen. Vorher lässt man sich im Heidegarten von weiß-rot-rosa Farbtönen verzaubern.

#Zugpferde #violetteWinterheide #Nostalgie #PlätzcheninderKutsche

Von Rosa bis Rost: Man ahnt nicht, wie viele verschiedene Heidefarben es gibt, bevor man nicht den Garten im Höpen besucht hat. Er ist das ganze Jahr frei zugänglich – und sogar im Winter blüht es in den Beeten.

Sie tragen verheißungsvolle Namen: County Wicklow, Red Pimpernel, Moulin Rouge oder Red Favorite. Sie blühen rosa und leuchtend-rot, andere leuchten im Herbst orange. Aber wer glaubt, rosa sei gleich rosa, hat sich getäuscht: Heidezwerge tragen violett, und Annabel purpurrosa. Im Heidegarten im Landschaftsschutzgebiet Höpen wachsen 180 verschiedene Heidesorten, und irgendeine von ihnen blüht immer. Antje zum Beispiel auch im Dezember. Allerdings nur hier im Garten, denn draußen in der Heide wächst eine andere Sorte – und die hält gerade Winterschlaf.

Im Winter ist die Heide still. Kein Vogelgezwitscher, kein Schafemähen, kaum Wanderer und Fahrradfahrer sind unterwegs. Man hat die Heide fast für sich allein. Die Natur gönnt sich eine Ruhepause: die perfekte Stimmung für eine Kutschfahrt in der Vorweihnachtszeit.

Was für eine schöne altmodische Art der Fortbewegung. Zwei Friesen legen sich links und rechts an der Deichsel ins Zeug. Das Leder knarzt, das Geschirr klirrt und die Reifen knirschen leise im Sand. Kutschenmusik. Wenn es über eine zugefrorene Pfütze geht, knackt das Eis. Gemächlich zieht die Landschaft vorüber, und man muss nichts tun, nur schauen.

An manchen Sträuchern hängen noch Hagebutten. Birken stehen auf blassgrünen Hügeln und zeichnen mit ihren kahlen Zweigen Muster in den Himmel. Sanfte Farbtöne, wohin man blickt. Die Heidepolster haben für die nächsten Monate ihre Farbe abgegeben, sam-

Zu einer Kutschfahrt gehört ein Picknick: Die prächtigen Friesen ziehen's gelassen.

meln Energie für den kommenden Sommer, um dann die Landschaft wieder in ein lila Gemälde zu verwandeln.

Wie es wohl früher war, als man noch mit der Kutsche reiste? Den Tee ausschenken – das ist gar nicht so einfach, denn der Wagen ruckelt hin und her, wie es sich für eine Kutschfahrt gehört. Wer Plätzchen mitnehmen möchte: warum nicht passenderweise Heidesand? Den Klassiker aus Butter, Zucker, einer Prise Salz, Vanillezucker und Mehl.

FAZIT: PERFEKTE ENTSCHLEUNIGUNG IN DER VORWEIHNACHTSZEIT, DANACH EINEN DER NAHEN WEIHNACHTSMÄRKTE BESUCHEN.

Hin & weg: Mit dem Erixx nach Schneverdingen; vom Bahnhof in ca. 0,5 Std. zu Fuß zum Parkplatz Heidegarten Höpen. Die Kutsche kommt dorthin.

Beste Zeit: Winter.

Dauer & Strecke: 2 Std.; 6 km, auf Wunsch auch länger (die Routen variieren, individuell buchbar z. B. bei www.kutschenmeyer.de).

Ausrüstung: Richtig dicke Winterklamotten und -stiefel (es kann sehr kalt werden), Thermoskanne mit heißem Getränk, Weihnachtsplätzchen.

2. KAPITEL AUSFLÜGE

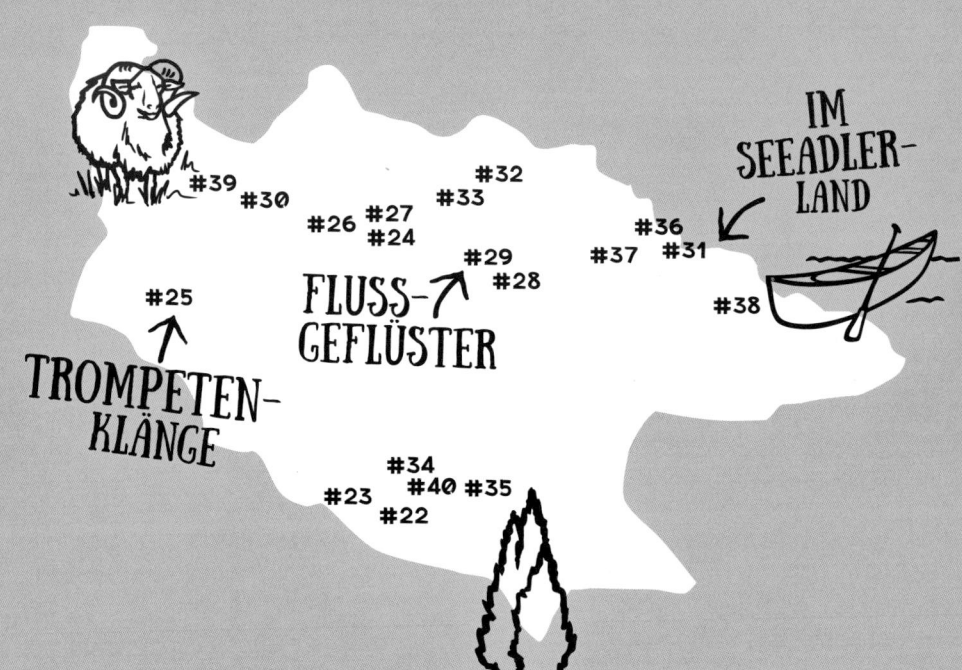

#39 #30

#32
#33

#26 #27
#24

#36
#37 #31

IM
SEEADLER-
LAND

#29
#28

#25
↑
TROMPETEN-
KLÄNGE

FLUSS-
GEFLÜSTER

#38

#34
#23 #40 #35
#22

Raus für einen Tag

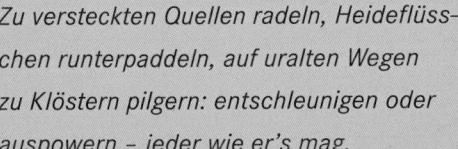

Zu versteckten Quellen radeln, Heideflüss-chen runterpaddeln, auf uralten Wegen zu Klöstern pilgern: entschleunigen oder auspowern – jeder wie er's mag.

12 H

ALLES AM FLUSS

≥ ... in Celle und auf der Aller ≤

#22

Es gibt Tage, da möchte man auch mal weniger Action. Kein Radeln. Kein Paddeln. Aber trotzdem draußen sein. Das geht in Celle perfekt: erst durch die denkmalgeschützte Fachwerkstadt bummeln, dann auf einem Boot die Aller runterfahren.

Häuser im historischen Gewand.
Die Celler Altstadt blieb im Krieg
komplett von Bomben verschont

HEINRICH WIENCK ANNA BEHNCKE ANNO 1907

GEBVW CLAVS VON HVSEN

ANNO DOMINI 1617

ERNEVERT 1214

IS GOT VOR VNS WER MAG

Celle ist eine Schatztruhe. Im Krieg von Bomben verschont geblieben, steht hier das größte zusammenhängende Fachwerkensemble Europas, ungefähr 450 Häuser. Himmelblaue Barocktüren, kostbare Schnitzereien der Braunschweiger Zunft, jedes Heim erzählt eine andere Geschichte. Am Hoppener Haus ist eine Figur ins Fachwerk geschnitzt, die das Haus vor Unheil bewahren soll. Die Angst ist dem Mann ins Gesicht geschrieben. Warum er wohl die Hosen runtergelassen hat? Man staunt über die Kunstfertigkeit und den Humor. Einmalig auch die Kragenbauweise: Nach oben hin ragt jedes Stockwerk ein Stück weiter nach vorn. Gute Idee, denn die zu entrichtende Steuerhöhe wurde nach dem Grundriss im Erdgeschoss berechnet.

Vom Schlossplatz aus öffnen sich mehrere Straßen in die Fachwerkwunderwelt. Mehrmals am Tag starten dort Führungen, um diese Gassen zu erkunden (www.celle-tourismus.de): sehr zu empfehlen, weil man sonst leicht die netten Details übersieht. Das Neidgesicht, das

Die Aller schlängelt sich durch die Wiesen. Heute sieht man ihr nicht mehr an, dass sie früher ein wichtiger Handelsweg war.

Die Sonne scheint an einer Barocktür aus dem 17. Jahrhundert – und über den Dächern von Celle.

Denn jetzt geht's zum Hafen, wo die Boots-fahrt startet. Im Mittelalter war die Stadt ein wichtiger Knotenpunkt. Von Braunschweig verlief eine Handelsstraße via Celle nach Lüne-burg, und auf der Aller wurde Korn über die Weser nach Bremen verschifft. Unter Heinrich dem Löwen hatten alle das Recht, die Was-serstraße zu benutzen. Klar, dass Celle sich von jeder Ware, die durch die Tore kam, etwas abzwackte. Die Welfen residierten hier mit Unterbrechungen bis Anfang des 18. Jahrhun-derts. Unter Herzog Georg Wilhelm und seiner französischen Gattin Eleonore d'Olbreuse er-lebte die Stadt eine Blütezeit.

die Zunge rausstreckt. Inschriften, die viel über die ehemaligen Bewohner verraten. Zickzack-friese gegen Blitzschlag. Geschnitzte Heil-pflanzen oder ein Rindskopf – je nachdem, welche Zunft hier zu Hause war. Um alles zu entdecken, reicht ein Tagesausflug nicht.

Heute ist es ruhig auf der Aller, der Oberlauf ist nicht mehr schiffbar und unterhalb der Stadt wird der Fluss neben Paddlern nur vom Ausflugsschiff *Wappen von Celle* befahren. Grüne Wiesen, Wälder und ein blitzblauer Himmel spendieren der Fahrt bei gutem Wet-

ter den farblichen Rahmen. Der perfekte Aussichtsplatz ist natürlich an Deck, wo einem der Fahrtwind lau ins Gesicht weht. Gelegentlich zeigen sich Reiher und Störche, an Land sind meist nicht viele Menschen zu sehen. Das Boot zieht an zwei Anlegern vorbei. Auf der Strecke nach Winsen/Aller kann, wer will, in Boye, Stedden oder Oldau aus- und wieder zusteigen und nach Celle zurückwandern oder -radeln. Wenn genug Platz ist, kann man sein Fahrrad mit an Bord nehmen. Aber der Plan war ja anders

Wer an Bord bleibt, lässt sich entspannt bis zur Schleuse in Oldau oder bis Winsen/Aller chauffieren, durch die Whisky-Kurve. Hier hielten die Boote früher, bevor sie den Zoll erreichten: Die Besatzung schmuggelte nachts den Alkohol an Land. Der fand dann wohl am Zoll vorbei seinen Weg in die Celler Kneipen.

FAZIT: STADT UND FLUSS, FACHWERK UND BOOTFAHREN, GESCHICHTE UND NATUR: EINE ABWECHSLUNGSREICHE KOMBINATION AN DER ALLER.

Hin & weg: Mit Auto oder Zug nach Celle (vom Bahnhof sind es 1,3 km zum Celler Schloss und 1,9 km zum Hafen); Parkplätze gibt's an der Hafenstraße (schräg gegenüber an der Einfahrt zum Hafen; von dort sind es ca. 550 m bis zum Schloss).

Beste Zeit: Celle ist das ganze Jahr über sehenswert; für die Bootsfahrt Mai–Oktober (www.celler-schifffahrt.de).

Dauer: ½ Tag auf dem Schiff, ½ Tag Fachwerk bestaunen.

Ausrüstung: Bequeme Schuhe; Fernglas für die Aller (und die Schnitzereien ganz oben an den Häusern). Infos zu Fachwerkführungen: www.celle-fuehrungen.de.

DALLAS IN DER HEIDE

 ... bei Wietze im Allertal

Mit dem Fahrrad unterwegs auf den Spuren des Erdöls entdeckt man nicht nur Bohrtürme, sondern auch einen schwebenden Engel und Przewalski-Pferde. Dazu gibt's die wahre Geschichte eines italienischen Postmeisters im Dienste der Welfen. Das alles im malerischen Allertal und im Naturschutzgebiet Hornbosteler Hutweide.

#Wildpferde #Ölmuckel #schwarzesGold #Barockengel

Es ist wirklich so: 1858 wurde in Wietze eine der ersten Erdölbohrungen der Welt durchgeführt. »Ölmuckel« wurden die Kumpel genannt, die hier bis 1963 unter Tage das schwarze Gold abbauten. Im Erdölmuseum streift man unter Bohrtürmen durch Industriegeschichte, vorbei an Schwengelpumpen und riesigen Fässern. Industrieromantik mit einer ganz eigenen Ästhetik, unabhängig von den Folgen, über die man auf dem Spaziergang über das Außengelände automatisch nachdenkt.

»Klein-Texas – von schwarzem Gold und wilden Pferden« heißt die Fahrradtour, die vorm Museum losgeht (auf Schildern mit einem Erdölturm gekennzeichnet). Sie führt zu markanten Punkten der Ölgeschichte in der Umgebung, bietet aber sehr viel mehr. Wieckenberg empfängt einen mit Kopfsteinpflaster und einem barocken Brunnen. Hier steht ein Bauwerk, das

mit Erdöl nicht das Geringste zu tun hat: die mehr als 325 Jahre alte Stechinelli-Kapelle. Ein Schmuckstück italienischer Barockarchitektur, erbaut von Francesco Maria Capellini, eben genannt Stechinelli. Unter dem Welfenherzog Georg-Wilhelm von Braunschweig-Lüneburg brachte es der gewitzte Italiener zum Postmeister. In Wieckenberg hatte er ein Landgut – und ließ dort diese einzigartige Kapelle bauen.

Hin & weg: Mit dem Rad von Celle in ca. 50 Min. bzw. von Winsen/Aller in ca. 30 Min. Oder mit dem Rad im Auto.

Beste Zeit: Frühjahr und Sommer.

Dauer & Strecke: Ca. 4 Std. (genug Zeit fürs Erdölmuseum und die Kapelle einplanen), 28 km.

Ausrüstung: Helm, Trinkflasche, Proviant. Einen Plan für die Fahrradtour gibt's im Erdölmuseum und unter www.wietze.de

---

Schön wie auf einem englischen Landschaftsgemälde. Man würde sich nicht wundern, wenn plötzlich Prinz und Prinzessin über die Hornbosteler Hutweiden geritten kämen.

(Neben dem Eingang hängen Telefonnummern von Gemeindemitgliedern, die ehrenamtlich Führungen anbieten.) Die Backsteinkapelle wirkt von außen zurückhaltend. Beim Betreten ist man erst einmal sprachlos. So viel Helligkeit und Pracht hätte man nicht erwartet: Die Decke ist über und über mit gold-roten Girlanden bemalt und an ihr schwebt ein Taufengel, der heute noch zur Zeremonie an einem Seil heruntergelassen wird. Wer sich auf eine Kirchenbank setzt, kommt für einen Moment zur Ruhe.

Auf der Aller wurde einst das Wietzer Öl abtransportiert, heute wird hier gerudert. Die Stechinelli-Kapelle in Wieckenberg birgt barocke Kirchenkunst.

Über Jeversen geht es weiter bis zum Wietzer Ölberg, der aus dem Abraum der Ölsandförderung entstanden ist. Von dem 54 Meter hohen Berg hat man einen weiten Blick über das Aller-Leine-Tal. Wie rücksichtslos der Mensch hier einst in die Natur eingegriffen hat! Doch seit einigen Jahren hat man an vielen Stellen erfolgreiche Projekte angeschoben, um der Natur wieder ihren Raum zu geben. Es wachsen Erlenbruchwälder, und in der Aller kann man heute sogar wieder schwimmen.

> **FAZIT: INDUSTRIEGESCHICHTE, BAROCK UND EINE BEZAUBERNDE HUTELANDSCHAFT – GEHT ALLES AUF NUR EINER FAHRRADTOUR.**

Das Naturschutzgebiet Hornbosteler Hutweide ist märchenhaft schön, die Hutelandschaft Jahrhunderte alt. Einst trieben die Bauern ihr Vieh unter die Eichen zum Weiden. Auen, Wäldchen, Heide und Wacholderhaine wechseln sich ab. Hier leben Weißstörche, blühen Schwanenblumen, und am Horizont stehen schon mal 20 Graureiher. Heckrinder, Nachfahren der Auerochsen, und Przewalski-Pferde halten die Landschaft offen. Es wirkt, als wären sie immer schon dagewesen.

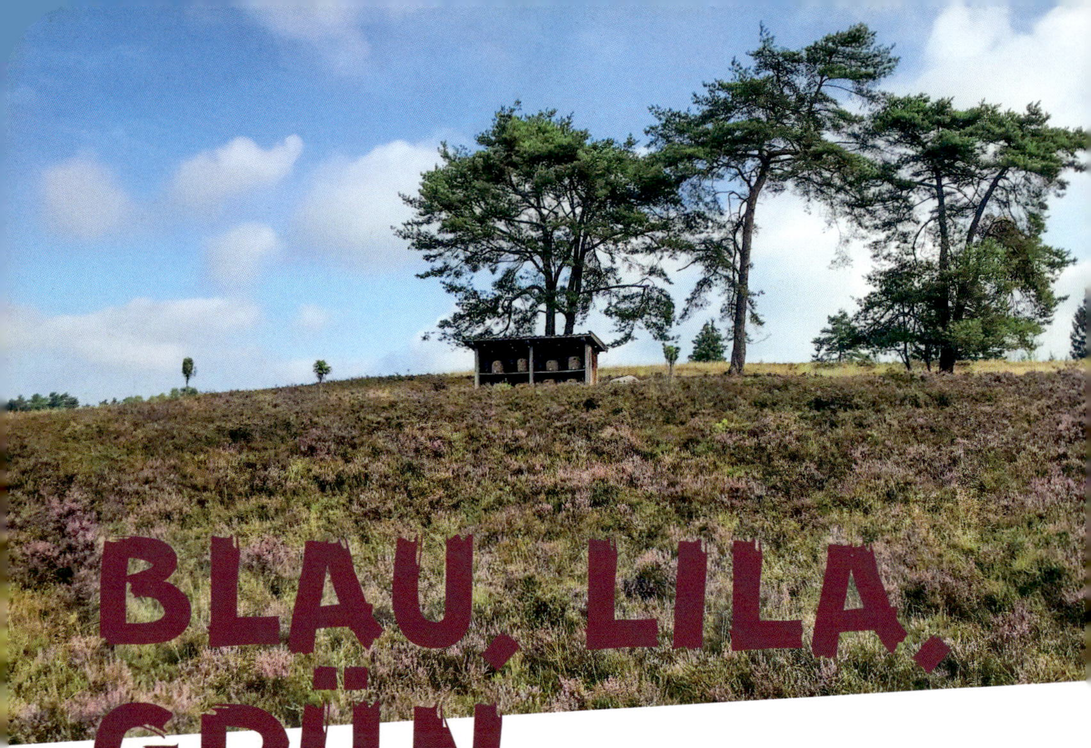

BLAU, LILA, GRÜN

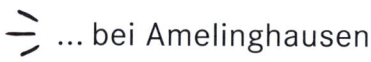

… bei Amelinghausen

#24

Ein Tag in der Heide kann verschiedene Farben haben, fragt sich nur in welcher Reihenfolge. Erst durch die Heide wandern (lila), dann durch den Wald spazieren (grün) und anschließend baden und Boot fahren (blau)? Oder andersrum?

#SonneimGesicht #Schwanensee #EisimBoot #auchmalnichtstun

Der Himmel blitzeblank, der See einladend. Wem das Wasser zu kalt ist, der fährt Tretboot.

Heide, Wald, See bilden einen verführerischen Dreiklang für einen Sommerausflug nach Amelinghausen. Kronsbergheide und Lopausee, dazwischen und drumherum schöne Wälder. Die Kronsbergheide fängt gerade an zu blühen, sie ist die Hausheide von Amelinghausen. Mit einem großen Fest im August wird hier jedes Jahr die Heidekönigin gekrönt. Sanft zieht sich die Heide einen Hügel hinauf, grüne Matten mit lila Tupfen, karg und lieblich zugleich, ja das geht. Weiter oben stehen Bienenstöcke in einem traditionellen Bienenzaun. Imkerei hat in der Heide eine lange Tradition, auch wenn die Bienenkörbe mittlerweile an vielen Orten gegen Kästen ausgetauscht wurden. 250 Mal muss eine Biene für ein Honigbrötchen ausfliegen – sie sind schon fleißig unterwegs. Der rötlich-braune Heidehonig schmeckt würzig und herb. In vielen Dörfern wird diese Köstlichkeit zum Verkauf angeboten.

Bienenparadies: In der Lüneburger Heide gab es schon immer viele Imker. Heute suchen sie sich mit mobilen Kästen die besten Plätze.

wächst ein Erlenbruchwald, der es feucht braucht. Die Lopau fließt ganz in der Nähe und spendet das Wasser. Wer sich auskennt, kann die Stimmen von Erlenzeisig und Zaunkönig hören, mit gutem Auge vielleicht sogar erspähen. Nur einen Vogel wird man nie, nie in freier Natur sehen: den Waldkauz. Er ist zu gut getarnt, aber auch er lebt hier. An einem Teich wachsen Rohrkolben und es quakt. Im Wasser tummeln sich Tiere, die weniger bekannt sind als Wildschwein & Co.: Moderlieschen und Ruderwanze zum Beispiel.

So, jetzt ist aber genug gewandert, der Lopausee wartet mit Erfrischung. Am Nordostufer befindet sich ein Tretbootverleih, also erst mal rauf auf den See, die Hand ins weiche Wasser tauchen, dem Glucksen der Pedale lauschen, die Sonne im Gesicht! Eine unaufgeregte, gemütliche Art der Fortbewegung. Um den See

Heide ist Kulturlandschaft, die ohne Eingriff vonseiten des Menschen (und der Heidschnucken) verbuschen würde. Darin ähnelt sie Almen in den Bergen. Jedes Jahr im Herbst treffen sich an etlichen Orten in der Heide Ehrenamtliche zum Entkusseln – so wird das Entfernen der Baumschösslinge genannt, und zwar mitsamt der Wurzel, sonst schlagen sie im nächsten Jahr gleich wieder aus. Bei Kiefern geht das relativ einfach, bei Birken wird es schnell richtig schwer, sobald sie eine gewisse Größe überschritten haben. Dann hilft nur noch ein Spaten.

Auch die Waldränder an der Kronsbergheide sind verlockend. An heißen Tagen riecht es harzig-süß wie am Mittelmeer. Das müssen wohl die Kiefern sein. Richtung Oldendorf

Hin & weg: Mit dem Heide-Radbus (siehe Eskapade #41) nach Amelinghausen. Vom Bahnhof sind es ca. 20 Gehminuten zum Lopausee, dann nochmal 20 Min. bis in die Kronsbergheide. Alternativ mit dem Auto von Amelinghausen auf der B 209 Richtung Lüneburg (hinter dem Lopausee links liegt der Parkplatz Kronsbergheide, rechts der Parkplatz am See).

Beste Zeit: Sommer. Wer die blühende Heide erleben möchte, checkt vorher das Heidebüten-Barometer unter www.lueneburger-heide.de

Dauer: Spaziergang 1 Std.; mit Baden, Tretbootfahren, Chillen 1 Tag.

Ausrüstung: Turnschuhe, Badesachen; Einkehrmöglichkeiten gibt's am See.

Raschelige Blätterwand am Nordufer des Lopausees. Nachdem die Lopau den See durchflossen hat, führt sie zielstrebig Richtung Luhe. Am Zusammenfluss soll ein Goldschatz vergraben sein.

führt ein Rundweg zu den Badewiesen am Südende. Sie sind nie voll, was vielleicht auch daran liegt, dass das Wasser nicht gerade Mittelmeertemperatur hat (die frische Lopau fließt hier in den See … und auf der anderen Seite wieder raus). Aber sie liegen den ganzen Tag in der Sonne, und man kann: zu einer großen Plattform im See schwimmen, am Ufer versuchen, auf Baumstämmen zu balancieren, die sich drehen (schafft man nicht!), oder einfach – chillen.

FAZIT: LILA PRACHT IM AUGUST UND SEPTEMBER. WEM DER SEE NACH WALD- UND HEIDESPAZIERGANG ZU KALT IST, DER GEHT EINFACH INS NAHE FREIBAD.

TROMPETEN-KLÄNGE

 ... im Großen und Weißen Moor

*Eine Wanderung durchs Moor ist immer
ein Ausflug in eine ganz besondere Welt.
Das Große und Weiße Moor ist auch noch
aus zwei anderen Gründen sensationell.
Im Sommer kann man im Großen Bullensee baden und im Herbst mit ganz viel
Glück Kraniche beobachten.*

Auf dem Holzweg in die richtige Richtung: Auf einer Moorwanderung lässt sich die Welt vergessen. Natur erkunden und danach im angrenzenden Moorsee schwimmen.

Es geht sich wie auf Federn, der Boden schwingt – und das beschwingt. Der Weg durchs Naturschutzgebiet Großes und Weißes Moor ist mit Holzschnitzeln bedeckt und führt durch ein riesengroßes Schaufenster der Natur. Was hier nicht alles wächst, kreucht und fleucht! Rauschbeeren (man lässt besser die Finger davon), Glockenheide, Pfeifengras. Torfmoos, das so wichtig ist, weil es extrem viel Feuchtigkeit bindet, zaubert grüne Tupfen ins Hochmoor. Und erst die Vogelwelt!

Hier leben Rohrweihe, Bekassine und Großer Brachvogel. Unten am Boden sind Moorfrosch und Grünfrosch zu Hause, von den unzähligen noch kleineren Tieren ganz zu schweigen. Überhaupt möchte man hier sofort zum Hobbybiologen werden. NABU-Infotafeln erklären, wie wichtig intakte Moore für Natur- und Kli-

maschutz sind. Weltweit binden sie ungefähr ein Drittel aller Kohlenstoffvorräte, einen kleinen Teil davon hier.

Zusammen wandern macht Spaß, man kann sich unterhalten und gemeinsam lachen, auf

Hin & weg: Mit dem Zug nach Verden oder Rotenburg (Wümme); von dort mit dem Kleinbus 803 bis zur Haltestelle Unterstedt-Ortsmitte (zum Nordpfad Dör't Moor sind es 1,6 km zu Fuß). Mit dem Auto: Von der B 440 Richtung Kirchwalsede führt eine Stichstraße zum Parkplatz Großer Bullensee.

Beste Zeit: Ganzjährig toll.

Dauer & Strecke: 3–4 Std., 10,3 km; mit Kranichbeobachtung bzw. Schwimmen und Pausen ein ganzer Tag.

Ausrüstung: Unbedingt ein Fernglas, Vogelbestimmungsbuch, Badesachen, Picknick, Getränke.

Die beste Chance, im Herbst Kraniche zu sehen, hat man frühmorgens oder in der Dämmerung. Sie bringen Glück!

Dinge hinweisen, die der andere übersieht. Eine Wanderung durchs Moor ist aber auch alleine sehr schön. Die Stimmung passt, mal eine Zeitlang nicht zu reden. Man hört besser, was sich um einen herum so tut. Und an den sumpfigen Moorlöchern, streng geschützten Kolken, kann man so lange stehenbleiben, wie man möchte. Vielleicht ertönt gerade jetzt dieses neue Geräusch, auf das man sich schon die ganze Zeit gefreut hat: das Trompeten der Kraniche. In bester Lage steht ein Aussichtsturm mit Blick auf eine Wiese. Hier übernachten im Herbst die Kraniche auf ihrem Durchzug nach Süden, am frühen Morgen fliegen sie weiter. Mit Glück sieht man sie auch mal tagsüber.

Das Trompeten der Glücksvögel klingt dann gar nicht so weit weg. Birdwatching geht solange auch mit anderen Vögeln. Man soll sie ja nicht nur an den Stimmen, sondern auch an ihren Flugbahnen unterscheiden können. Wutsch, sind sie wieder weg. Gar nicht so einfach, sie mit dem Fernglas einzufangen. Dafür ist hier oben der schönste Picknickplatz, den man sich vorstellen kann. Eine Bank, Dach überm Kopf, Rucksack ausgepackt.

Auf dem Rückweg der Großen Moorrunde – dem Nordpfad Dör't Moor, einem der 24 Nordpfade in der Umgebung – geht es im Bogen durch Felder und Wälder zum Kleinen Bullensee. Bunte Blätter bedecken den Weg, der auf Holzbohlen über Mooraugen führt. Am Großen Bullensee schimmert Sandstrand. Was für eine geniale Kombination: ein Badesee so nah am geschützten Moor.

FAZIT: MEHRERE VERSCHIEDEN LANGE RUNDWEGE FÜHREN DURCH DAS MÄRCHENHAFTE MOOR. AM SCHÖNSTEN IST NATÜRLICH DER GROSSE!

AM RAU-SCHENDEN BACH

... zwischen Eyendorf und Soderstorf

#26

Sehr versteckt und sehr romantisch: Zwei Mühlen am Heideflüsschen Luhe entführen in eine andere Zeit. Die weiße Windmühle am Ortseingang von Eyendorf ist schon von Weitem zu sehen. Wer sich traut, kann hier sogar heiraten: unter Flügeln mit Blick über sanft gewellte Felder.

#MühleunterEichen #Krabat #romantischerOrt #Gerste&Roggen

Schlüsselblumen blühen, die Pflaumen sind reif, die ersten Wiesen gemäht. Dazu viel Backstein und alte Bauernhäuser. Am Ortseingang grüßt die Eyendorfer Mühle, eine Erdholländermühle, die ihre Haube in den Wind drehen kann – noch immer funktionsfähig seit über 200 Jahren. Jedes Jahr am letzten Samstag im Mai dreht sie sich beim großen Mühlenfest.

Richtung Raven führt der Weg für Heideverhältnisse eine ganze Weile stramm bergauf. Im Dorfkern erwartet den Radler eine wunderschöne Kirche aus dem 15. Jahrhundert. In Rohlfsen biegt man an der Ortsausfahrt links in den Müßweg ein und lässt bergab das Rad einfach mal rollen. Schafe, Pferde, Obstgärten, links und rechts weites Niedersachsenland. Mit etwas Glück erspäht man auf einem Zaunpfosten einen Mäusebussard.

Im kleinen Mühlenweiler Wohlenbüttel ist kurz vor der Brücke ein guter Platz, um das Rad abzustellen. Ein verwilderter Pfad führt an die Luhe. Schilf leuchtet hellgrün unter dem Wasser. Bezaubernd, das alte Mühlenhäuschen, zu dem man über eine Brücke gelangt. Man träumt etwas der Luhe hinterher, zwei Eichen locken zum Picknick.

Hin & weg: Mit dem Metronom nach Buchholz. Von dort mit dem Heide-Shuttle (siehe Eskapade #3) nach Eyendorf. Einfacher ist es mit Fahrrad im Auto. Die Tour startet an der Eyendorfer Mühle.

Beste Zeit: Frühling–Herbst.

Dauer & Strecke: Mit Rast ½ bis 1 Tag, 31 km.

Ausrüstung: Fahrradkorb, Brotzeit, genügend Getränke, Handtuch (wer wollte nicht mal die Füße in die Luhe stecken?).

Ohne Müller kein Brot. So war das jahrhundertelang.
Nostalgische Radtour durch weites Land: Heidekartof-
feln werden an vielen Hofstellen angeboten.

In Dehnsen säumen Brombeersträucher den
Weg. Kurz vor Thansen öffnet sich eine kleine Heidefläche wie aus dem Bilderbuch. Auf
einem Hügel wartet eine Bank, ein Rastplatz
in der Sonne, und bis auf ein paar Vögel ist es
hier meistens ganz still.

Vor Soderstorf hört man's schon rauschen!
Die Mühle liegt nach ein paar Hundert Metern versteckt auf der linken Seite. Eine kleine
Holzbrücke führt zur uralten Mühlenstelle, die
im Jahr 1478 das erste Mal erwähnt wurde.
Hier wurden einst Roggen, Weizen, Grütze
und Gerberlohe gemahlen, im kleinen Bäcker-
häuschen nebenan buk man das Brot. Heute
steht das große Holzmühlrad still, rosten die
Zahnräder für das kleine Wehr vor sich hin.
Denkmalschutz, wo bist du? Ein idyllischer
Flecken, verträumt, nostalgisch – und völlig
aus der Zeit gefallen.

Sonnige Wiese am Mühlenteich: An der Soderstorfer
Mühle bleibt die Zeit stehen.

Das Bachrauschen im Ohr blickt man auf den
großen Mühlenteich und lässt den Zauber des
Orts auf sich wirken. Auf dem Hof an der Mühle kann man auch wohnen (www.muehlenhof-
soderstorf.de). Im Herbst findet hier ein Kartof-
felfest, im Winter ein Weihnachtsmarkt statt.

Bergauf nach Raven, bergab nach Putensen
geht es nach Eyendorf zurück. Eine Reise in die
Zeit, als sich die Mühlenräder noch drehten.

FAZIT: BEI MÜHLEN DENKT MAN AN RAU-
SCHENDE BÄCHE, KLIPP-KLAPP – UND
»KRABAT«. SO IST ES AUCH HIER.

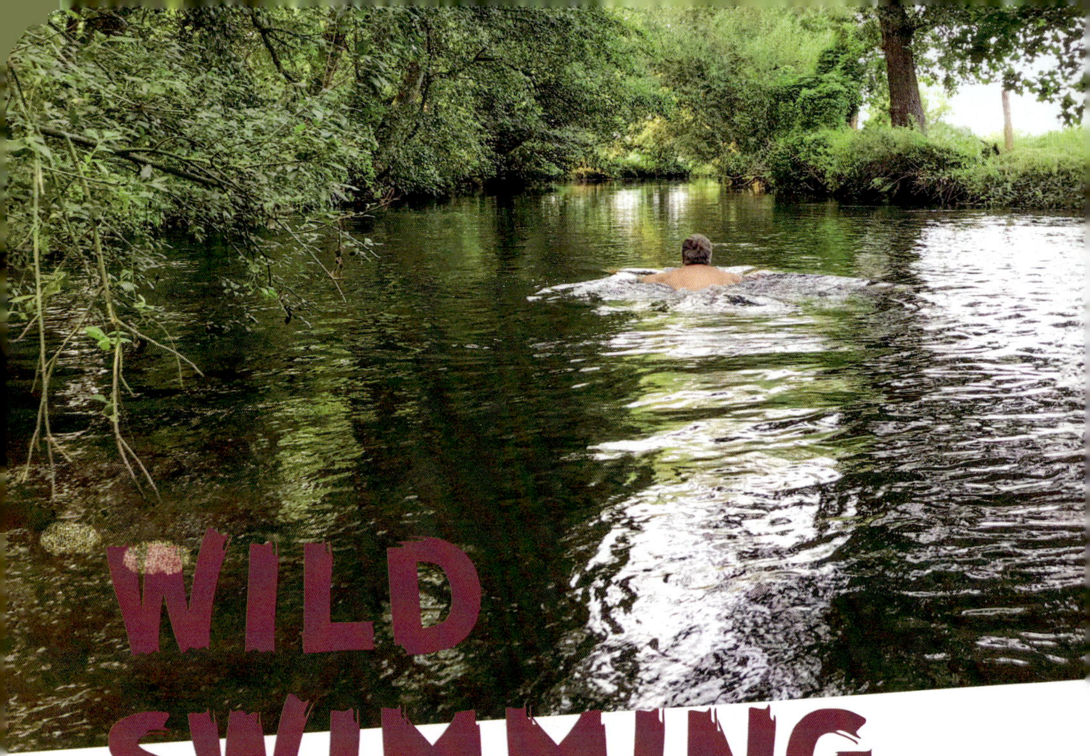

WILD SWIMMING

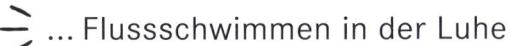

… Flussschwimmen in der Luhe

#27

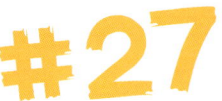

Mit Abenteuerlust und ein bisschen Planung kann man in der Umgebung von Salzhausen die Luhe ein Stück hinunterschwimmen. Frostbeulen tauchen nur kurz unter und machen es sich am Ufer schön. Wichtigstes Utensil: Rücksicht. Auf Tiere und Pflanzen in und am Fluss.

#Mikroabenteuer #fürdenRestdesTageswach #Luheglück

Kleines großes Abenteuer:
Schwimmen durch die Luhewiesen. Frisch geräubt, duften sie
nach Heu.

Flussschwimmen heißt nicht nur kurz eintauchen, ein, zwei hektische Züge schwimmen und dann sofort wieder raus. Nein, es heißt: richtig mit dem Fluss schwimmen – was für ein Naturerlebnis! Die Luhe fließt durch Heide, Wiesen und Wälder. Meist ruhig, nur hier und da hat sie kleine Stromschnellen. Man muss sich gut überlegen, welche Strecke man zurücklegen will und seine Kälteempfindlichkeit realistisch einschätzen. Es sollte schon ein sehr warmer Tag sein. Denn wer erst einmal im Fluss ist, kann nicht überall wieder raus.

Der erfahrene *wild swimmer* deponiert an der Ausstiegsstelle Handtuch und Anziehsachen. Wie bei jeder Paddeltour muss er sich vorher genau überlegen, wo er den Fluss verlässt und wie er zurückkommt. Oft geht es aber sogar

117

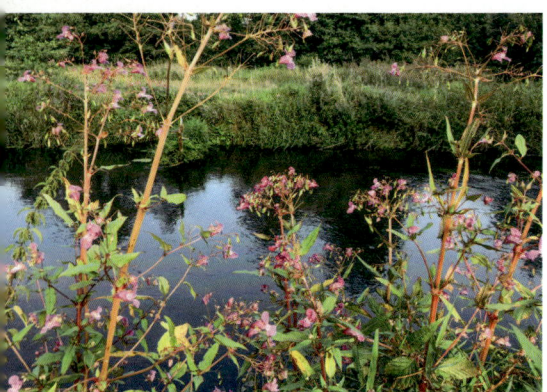

Auf der Böschung wachsen Schilf, Blumen und Beeren. Malerisch – nur raus kommt man nicht überall!

zu berühren, wild schwimmen wie in einem verwunschenen Tunnel. Man hat sich tatsächlich getraut! Die Uferböschung zieht vorbei. Blutweiderich leuchtet rosa aus dem Dickicht, dann wird das Ufer lichter.

Es reichen ruhige Züge, die Strömung ist nicht besonders stark, eher sanft, aber sie nimmt einen auch ohne große Schwimmaktion mit. Das ist die Überraschung: Die Luhe hilft einem, man kann sich ihr anvertrauen. Aber Vorsicht: Es ist immer gut, solche Unternehmungen mindestens zu zweit zu machen und die Augen offen zu halten. Unter Wasser können Baumstämme liegen, die man nicht sieht. Hier muss man vorsichtig drüberschwimmen, sonst ratscht man sich die Oberschenkel auf. Danach ist alles frei und sooo still. Man lässt sich treiben, dreht sich auf den Rücken, blickt in den Himmel. Die Luhe öffnet sich ein wenig, wird zum verzauberten Feenteich. Aber das Wasser ist frisch!

Man hört das Wehr rauschen, hier müssen die Paddler »umtragen«. Kein Problem, links dran vorbeizuschwimmen. Gleich dahinter muss man allerdings raus, die sandige Stelle ist nicht zu übersehen (ein Weiterschwimmen nicht möglich!). Etwa 200 Meter flussaufwärts überquert man einen Steg und wandert zurück. Die Haut prickelt, der Geist ist beschwingt für den Rest des Tages.

Wie wäre es danach mit einem Eis in Salzhausen? In der bezaubernden Heidekirche gibt es im Sommer Orgelkonzerte. Klingt nach einem perfekten Sommertag.

einfach zu Fuß, denn so lange wie im Kanu ist man nicht unterwegs. Wenn das Wasser zwischendurch zu flach ist, wird einfach ein Stück gegangen.

Stellen zum Flussschwimmen sind Geheimtipps, daher wird hier nicht zu viel verraten. Selbst entdecken ist der halbe Spaß. Aber es gibt sie, lauschige Orte, an denen man an den Fluss kann. Wiesen, die – frisch gemäht – herrliche Sonnenplätze bieten. Badestellen im Wald. Wer sie verrät, bekommt es mit den Einheimischen zu tun.

Und so könnte es sein: Sachen deponieren und auf einem Feldweg flussaufwärts marschieren. An einer Brücke kommt man meist gut in die Luhe. Eintauchen, kurz Luft anhalten – und los! Die Bäume scheinen sich oben

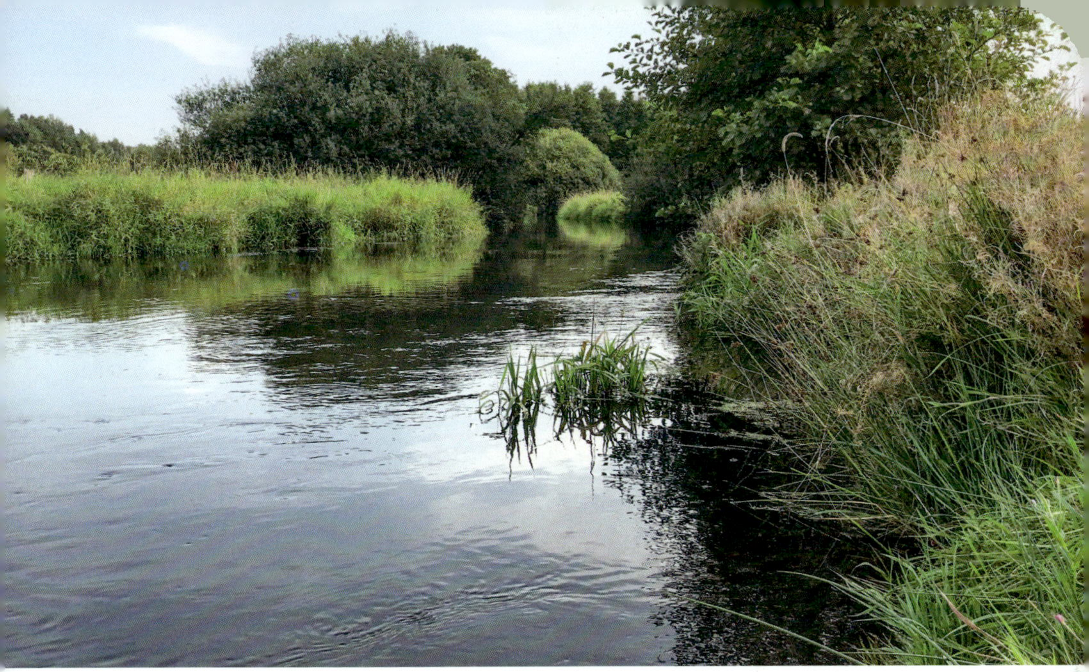

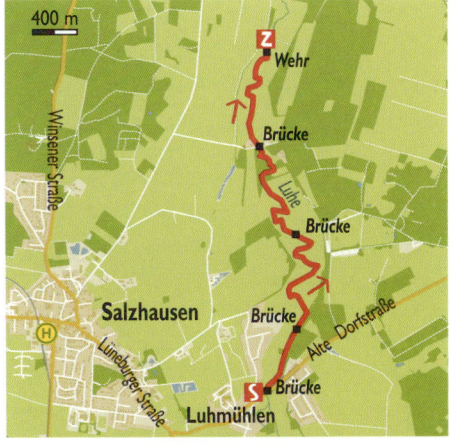

Alles im Fluss: Wer in der Luhe schwimmt, kommt ihr noch näher als beim Paddeln. Danach hat man eine Flussfreundin fürs Leben gewonnen.

FAZIT: GLÜCKSMOMENTE IM FLUSS, DANACH SONNEN AUF FRISCH GEMÄHTER WIESE – VIEL RUHIGER ALS IM FREIBAD (DAS ES IN SALZHAUSEN ABER AUCH GIBT).

Hin & weg: Mit dem Heide-Shuttle (siehe Eskapade #3) von Buchholz, mit Bus 5200 von Lüneburg oder mit dem Auto nach Salzhausen oder Luhmühlen; am besten man hat sein Rad dabei; dann die besten Plätze selbst entdecken: hin im Fluss, zurück zu Fuß.

Beste Zeit: Hochsommer.

Dauer: Schwimmen ca. ½ Stunde, je nach Einstieg 2–3 km; danach: den Sommertag bis Sonnenuntergang genießen.

Ausrüstung: Unbedingt Turnschuhe (am Flussgrund können spitze Steine, Äste, auch mal Scherben liegen)! *Dry bag* für die Wertsachen; Handtuch und alles, was man für einen Badetag eben so braucht.

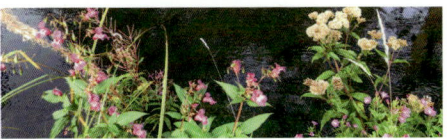

PILGERN FÜR EINSTEIGER

 ... auf der Via Scandinavica

 **#28**

Ob es nun wandern oder pilgern heißt, ist egal. Hauptsache, man ist draußen unterwegs, lässt Blicke und Gedanken schweifen. Zwischen den Klöstern Medingen und Ebstorf verläuft die Via Scandinavica, auf der Pilger einst von Skandinavien Richtung Santiago de Compostela wanderten.

#Klostergarten #Wetterschwein #WindimWald #JakobsweginderHeide

Klostergruß zum
Wanderauftakt: In Medingen
geht's los.

Terrakotta und weiß leuchtet einem Kloster Medingen entgegen. Es mutet ein bisschen italienisch an. Seine Geschichte könnte Bücher füllen. Von Floria und ihren drei Gefährtinnen, die sich 1220 von Magdeburg aufmachten, um einen geeigneten Platz für ein Kloster zu finden – in einem von Pferden gezogenen Leiterwagen. Begleitet wurden sie auf ihrem Weg durch die Wildnis nur von einem Laienbruder. Acht Jahre später erreichten sie Altenmedingen. Oder die Geschichte vom Heiligen Mauritius, dem Schutzheiligen des Klos-

ters. Der Legende nach kam er aus Ägypten, diente im römischen Heer und starb in der Schweiz den Märtyrertod. Auf vielen Darstellungen wird er mit dunklem Gesicht gezeigt.

Das mittelalterliche Zisterzienserkloster wurde nach einem verheerenden Brand im 18. Jahrhundert im klassizistischen Stil wiederaufgebaut. Der Festsaal ist heute noch mit originalen Möbeln aus dieser Zeit eingerichtet, in der Schatzkammer ist der mit Gold und Edelsteinen verzierte Stab der Äbtissin ausge-

stellt. Höhepunkt aber ist die Kirche: Sie ist im Grundriss rund und unglaublich hell. Aus riesengroßen Sprossenfenstern fällt der Blick hinaus in den Klostergarten.

Nach einer beeindruckenden Führung ist man mit genug Gedankenfutter für die Pilgerwanderung nach Ebstorf ausgestattet: immer der gelben Jakobsmuschel (und zwar der kurzen Seite) oder dem gelben Pfeil hinterher. Es geht durch Wald und Wiesen nach Seedorf. An einer verwunschenen Bank vorbei, die über und über mit Moos bewachsen ist. An Waldrändern und Feldern entlang, mit Blick in die weite niedersächsische Landschaft.

Im Dorf blühen gelbe Rosen vor roten Mauern. Man hält sich links und folgt dem Barumer Weg. Zum Goldberg geht's an einer Allee leicht bergauf, dann rechts durch Wald, in

dem bei Wind die Bäume knacken. Es macht Spaß, durch kleine Dörfer wie Hohenbünstorf zu spazieren, so vieles gibt es zu entdecken. Nicht ein Wetterhahn, sondern ein Wetter-

---

Hin & weg: Mit dem Auto zum Kloster Medingen. Von dort zu Fuß zum Kloster Ebstorf. Von Ebstorf (Haltestelle Weinbergstraße) fährt im Sommer an Freitagen und Samstagen der Entdeckerbus (www.heideregion-uelzen.de) via Uelzen nach Medingen (ca. 1 Std.). Die Wanderung geht auch in die andere Richtung, die Beschilderung ist dann aber schwieriger zu erkennen. Auf der Rückfahrt von Medingen fährt der Bus direkt nach Ebstorf.

Beste Zeit: Sommer und Herbst. Öffnungszeiten der Klöster: www.kloster-medingen.de, www.kloster-ebstorf.de

Dauer & Strecke: Ca. 5 Std. (ohne Pausen und Klosterbesichtigung), 20 km.

Ausrüstung: Feste Schuhe, Proviant, mehrere Trinkflaschen, Regenschutz. Eine Karte schadet nicht.

Rostige Hoftore, Regentropfenblüten: Unterwegs durch Feld und Dörfer entdeckt der Tagespilgerer romantische Details. Am Ziel steht Kloster Ebstorf – und das schon seit dem Mittelalter.

schwein zeigt auf einem Dach die Windrichtung an. Zwischen den Dörfern geht's immer wieder längere Strecken über Land, sonst wäre es auch kein Pilgerweg. Es ist schön hier, hügelig und abwechslungsreich. Manchmal muss man ein bisschen raten, welche Richtung der Pfeil denn nun meint. Aber auch das gehört zum Pilgern dazu. Wenn die Beine ein bisschen müde werden, denkt man an all die Pilger aus dem hohen Norden, die nicht aus Spaß, sondern für ihren Glauben unterwegs waren – bis nach Santiago de Compostela.

Das Kloster Ebstorf ist ein imponierender Bau. Mittelalterlich, fast trutzig ragt sein Turm in den Himmel. Wem keine Zeit bleibt, die Klosterschätze zu erkunden, weil gleich der letzte Bus zurück nach Medingen fährt, der verschiebt es auf nächstes Mal. Dann geht man den Weg in die andere Richtung.

FAZIT: LEGENDEN UND KUNST, BESCHAULICHE DÖRFER UND VIEL NATUR AUF EINEM PILGERWEG ZWISCHEN ZWEI DER BERÜHMTEN SECHS HEIDEKLÖSTER.

FLUSS-GEFLÜSTER

 ... auf der Ilmenau

#29

Wer im Kajak von Bienenbüttel nach Lüneburg paddelt, wird wunderbare Dinge sehen: stahlblaue Libellen, die überm Wasser tanzen; Flussnymphen – oder Weiden – mit langen grünen Haaren. Zwischendurch lässt man sich treiben, macht Rast und taucht in den Fluss.

Wer im Kajak alleine unterwegs ist und dabei auch noch fotografieren möchte, hat am Anfang alle Hände voll zu tun. Das Boot will gesteuert werden. Legt man das Paddel auf die Knie, um das Handy herauszukramen, biegt das Kajak sofort Richtung Uferböschung ab. Da lauern runterhängende Zweige, in denen man nicht steckenbleiben will. Nach einiger Zeit ist die richtige Balance aber gefunden. Paddeln und Fotografieren geht eben an manchen Stellen nicht gleichzeitig. Herrlich, den Fluss in Ruhe zu genießen.

Die Ilmenau fließt gemütlich, drei Kilometer in der Stunde, und ist daher auch für Anfänger gut geeignet. Eigentlich müsste man gar nicht paddeln und würde trotzdem irgendwann in Lüneburg ankommen. Aber es macht ja Spaß, und so startet man in Bienenbüttel voller Akti-

vität. Das Plätschern beim Eintauchen des Paddels gehört zu einem Tag auf dem Wasser dazu.

Am Ufer wachsen Vergissmeinnicht und hier und da sogar gelbe Seerosen. Es duftet nach Minze und man weiß gar nicht, wo man zuerst hinschauen soll. Unter Wasser wachsen Algen, die aussehen wie üppiger Salat, dort drüben liegt ein Baumstamm im Fluss wie ein schlafendes Krokodil.

An einigen Stellen schlängelt sich die Ilmenau ganz schön, da heißt es, in den Kurven kräftig durchziehen. Einige Supersportliche kommen flussaufwärts gepaddelt, zum Teambuilding. Familien paddeln lieber mit dem Strom.

Ein bisschen fühlt man sich hier wie in »Herr der Ringe«. Die Ilmenau hat etwas Verwunsche-

Es ist gar nicht nötig, ununterbrochen zu paddeln. Die Ilmenau nimmt einen gerne auch so mit. Dafür hat man Zeit, die Feenwelt am Ufer zu bewundern.

nes. Weiden neigen ihre Zweige melancholisch übers Wasser, an einigen Abschnitten steht am Ufer Wald wie eine grüne Wand. Äste im Uferdickicht haben bizarre Formen. Mit Fantasie betrachtet sehen manche aus wie Drachen: mit Giftzahn im Maul. An einer kleinen Sandbank zieht man sein Kajak ans Ufer. Pause.

Es ist zu verlockend, in der Ilmenau zu schwimmen. Flussaufwärts natürlich, sonst kommt man nicht so gut zurück. Schwirren dann noch neonblaue Libellen umher, ist der Sommertag perfekt. Vor Lüneburg geht es durch die Ilmenauauen – hier lässt man sich endgültig nur noch treiben. Selten genug, dass das im Alltag passiert.

In Lüneburg, gegenüber der Ausstiegsstelle, liegt direkt am Fluss Schröders Garten (www. schroedersgarten.de). Im Biergarten mit Blick aufs Wasser kann man den Tag noch mal Revue passieren lassen.

FAZIT: PADDELN, TRÄUMEN, IM HOCHSOMMER SOGAR SCHWIMMEN. EINE FAMILIENFREUNDLICHE TOUR AUF DER ILMENAU.

Hin & weg: Mit Metronom oder Auto nach Bienenbüttel. Vom Bahnhof zur Einstiegsstelle (an der Brücke in der Niendorfer Straße) sind es ca. 10 Gehminuten, wie auch von der Ausstiegsstelle in Lüneburg zum Bahnhof. Von dort mit dem Metronom zurück nach Bienenbüttel.

Beste Zeit: Mai–September. An Pfingsten und Christi Himmelfahrt kann es auf dem Fluss recht voll sein.

Dauer & Strecke: 6 Std., 22 km (in 1 Std. paddelt man etwa 4 km – ohne Rast).

Ausrüstung: Kajaks und Kanus sowie Infos zu Ein- und Ausstiegsstellen: www.heide-kanu.de. Schwimmwesten und ein wasserfester Behälter für Wertsachen werden gestellt. Mitbringen: Turnschuhe (nie ohne Schuhe in den Fluss!), Proviant und genügend Getränke, Handtuch, Schwimmsachen, Sonnenschutz.

BACH, LAND, GLÜCK

>− ... an der Schmalen Aue −<

#30

Wer in die Lüneburger Heide fährt, denkt zuerst an Heide, das ist im Namen schon so angelegt. Aber der Besucher merkt schnell, dass es dort noch sehr viel mehr Landschaften zu entdecken gibt. Er radelt von Hanstedt durch Auen, Wälder, Felder und idyllische Dörfer – und natürlich geht es dabei auch durch Heide.

hier kann man einen Schlenker an den Bach fahren, in dem manchmal Reiter ihre Pferde plantschen lassen. Im Ort selber wartet eine Institution. Der Landgasthof Zur Eiche lädt zur Rast unter uralten Eichen ein (www.landgast hof-zureiche.de). Draußen sitzt man auf rustikalen Bänken, drinnen fühlt man sich wie in der »Landlust« – nicht nur gut essen, sondern auch übernachten kann man hier.

In Ollsen quert der Radler die Hauptstraße und verlässt das Dorf auf der anderen Seite. Durch ein großes Waldgebiet geht es nach Undeloh. In dem typischen Heideort steht St. Magdalenen, eine berührend schöne uralte Kirche. Im Sommer ist es hier trubelig, aber südlich erstrecken sich einsame Heideflächen.

Man biegt ein Stück in die Heide ab: ein Hauch Grün im Frühling, Lila im Sommer, Rostbraun im Herbst, Silber im Winter. Und alle Nuancen dazwischen. In Sudermühlen führt eine Brücke über die Schmale Aue, die an dieser Stelle einst eine Mühle antrieb. Heute steht hier ein Hotel in schöner Alleinlage. Die Terrasse ist verlockend, zumal der Radler danach am Berg nach Egestorf ganz schön strampeln muss. An der Kreuzung fährt man

Die Heide bei Hanstedt heißt Auf dem Töps. Dort wartet großes Wanderglück. Aber auch wer eine ausgedehnte Fahrradtour plant, findet in dem Ort einen idealen Ausgangspunkt. Los geht's im Ortskern Richtung Ollsen und Undeloh. Die Schlossstraße führt links zur Schmalen Aue, die etwas entfernt durch die Wiesen fließt. Man radelt durch Wald und kommt gut voran, und an der Abzweigung links nach Nindorf lockt ein erster Abstecher an den Bach. Im glasklaren Wasser zeichnet sich Sandboden ab. Er sieht so weich aus, dass man nicht anders kann, als eine Pause einzulegen und barfuß im Bach herumzuwaten.

Vor Ollsen öffnet sich der Wald. Sanftgrüne Wiesen und einzelne Baumgruppen ziehen sich bis zur Schmalen Aue. Kaltblütern schmeckt das saftige Gras. Eine Auelandschaft, die das Herz aufgehen lässt. Auch

Hin & weg: Mit dem Metronom nach Buchholz; von dort mit dem Heide-Shuttle (siehe Eskapade #3) nach Hanstedt. Alternativ mit dem Auto.

Beste Zeit: Sommer und Herbst.

Dauer & Strecke: Ein ganzer Fahrradtag mit vielen Pausen (4 Std. reine Fahrzeit), 32 km.

Ausrüstung: Fahrradkorb, Picknick, Handtuch.

Zwischendurch geht es immer wieder an Feldern entlang. Die Lüneburger Heide ist seit Jahrhunderten Kulturland-schaft. Wälder und weite Heide gibt's natürlich auch unterwegs.

auf der Garlstorfer Straße ein Stück Richtung Garlstorf, bevor man an dem Funkmast links in den Wald abbiegt. Hier geht es mehr oder weniger geradeaus Richtung Nindorf. Nach Regen steht schon mal Wasser in den Pfützen, dann riecht es frisch nach Blättern und Gras. Noch zwei Felder, dann verschluckt einen das Grün. Mächtige Buchen stehen auf Hügeln, Täler ziehen sich durch den Märchenwald.

An der Hauptstraße biegt man links ab und fährt am Wildpark Lüneburger Heide vorbei (den man sich für einen Extra-Ausflug merkt). Kurz danach geht es rechts wieder in den Wald und in einem großen Bogen nach Han-stedt zurück. Die Sonne steht schon tief, der Blick reicht weit ins Land hinein. Zweige und Blätter heben sich als dunkles Muster von Wolkengesichtern am Himmel ab. Malen müsste man können.

FAZIT: RADLERGLÜCK IN DER NORDHEIDE. HINTER JEDER KURVE WARTET EINE NEUE LANDSCHAFT.

IM SEEADLER-LAND

⋗ ... auf den Spuren deutscher Geschichte ⋖

Mehr als 40 Jahre lang war die Elbe die Grenze zwischen den beiden deutschen Staaten. Ein europäischer Fluss, der zwei Welten trennte. Heute ist sie schnell überquert. Anschließend geht es mit dem Rad durch eine grandiose Flusslandschaft, deutsche Geschichte vor Augen.

Elbstrand oder Café hinterm Deich: Radeln und Rasten gehört zusammen.

War der Sommer heiß, dann kann die Elbe in Hitzacker schon mal Niedrigwasser haben, und die offizielle Fähre bringt niemanden ans andere Ufer. Aber mit einem kleinen Boot gelangt man samt Fahrrädern gegen eine Spende trotzdem hinüber. Auf der anderen Seite bei Herrenhof wurde am 20. November 1989 der Grenzzaun geöffnet – die Menschen hatten lange auf den Moment gewartet, mit der Fähre wieder in den Westen fahren zu können.

Weiter Himmel, weiter Blick, Wolkenspektakel über dem Fluss: So geht es stromaufwärts den Deich entlang.

Es lohnt sich, Schlenker in die Elbdörfer zu machen und dafür den Radweg zu verlassen. Backsteinhöfe mit Bauerngärten, an Hoftüren hängen Blumenkränze. Wie lebten die Menschen in all den Jahren, als das hier streng bewachtes Sperrgebiet war? Unvorstellbar heute!

Ab und zu kann man über die Wiesen direkt an die Elbe fahren und sich dort in den Sand setzen. Wer einen Seeadler kreisen sieht, versteht, warum das nicht überall geht; die Elbtalauen sind geschützt. In Wilkenstorf wartet das bezaubernde Fahrrad-Café am Elbdeich. Die Besitzerin liebt die Farbe Blau, backt Kuchen aus eigenem Obst und erzählt Geschichten von früher, als – noch unter russischer Besatzung – Männer durch die Elbe auf die andere Seite geschwommen sind, um im Westen Ersatzteile zu besorgen; damit war unter den DDR-Grenzposten Schluss.

In Rüterberg spürt man ihn wieder besonders deutlich: den Hauch der Geschichte. Das Dorf war während der DDR-Zeit komplett mit Stacheldraht abgeriegelt. Wer hinein oder hinaus wollte, musste sich ausweisen. Im Rahmen von Zwangsaussiedelungen namens Aktion Ungeziefer oder Kornblumen wurden Menschen aus ihrem Zuhause vertrieben. Beklemmend, sich vorzustellen, wie sie hier überwacht und eingesperrt wurden. Ein Wachturm kündet von dieser finsteren Vergangenheit; so lange ist das noch nicht her. 1989 reichte es den Bewohnern mit der Schikane und sie rie-

---

Hin & weg: Mit dem Erixx nach Hitzacker (von Lüneburg); dann weiter mit dem Rad.

Beste Zeit: Frühling–Herbst.

Dauer & Strecke: Ein ganzer erfüllter Tag auf dem Rad, mit Pausen an Elbstrand und Deich, 52 km.

Ausrüstung: Fahrradkorb oder Rucksack mit ausreichend Getränken und Proviant; immer gut an der Elbe: Fernglas; je nach Wetter und Jahreszeit: Sonnenbrille, Regenklamotten; zur Abendlektüre: ein Buch über die deutsch-deutsche Geschichte.

In Rüterberg blickt ein ehemaliger DDR-Wachturm über die Elbwiesen. Einst wurde von dort nach Republikflüchtlingen gespäht, heute kann man darin Urlaub machen.

fen die Dorfrepublik Rüterberg aus, nach dem Vorbild der Schweizer Räterepublik. Einen Tag später fiel die Mauer!

Die Elbebrücke Dömitz wurde bald nach Mauerfall über die Elbe gebaut. Ein Brückenschlag im wahrsten Sinn des Wortes. Auf einem Schild steht zu lesen, es berührt: »Hier waren Deutschland und Europa bis zum 7. Dezember 1989 um 10 Uhr geteilt.« Eine Karte zeigt, wo die Grenze während des Kalten Krieges verlief. Kurz hinter der Brücke kann man links am Deich entlang zur Eisenbahnbrücke fahren, die früher über die Elbe führte und im Krieg durch Bomben zerstört worden ist. Heute endet sie direkt am Fluss – ein rostiges Mahnmal.

Am Deich entlang rollen die Räder perfekt. Gegenüber von Dömitz endet die ehemalige Eisenbahnbrücke abrupt an der Elbe. Vor dem Krieg führte sie rüber.

Der Rückweg nach Hitzacker führt elbabwärts zunächst am Deich entlang. Bei Damnatz biegt man ins Landesinnere ab. Seedorf am Gümser See ist ein idyllisches Bauerndorf. Gelbe Andreaskreuze warnen vor Atomkraft. Noch ein Kapitel der deutschen Geschichte.

FAZIT: GRAUREIHER UND EHEMALIGES GRENZLAND. GROßARTIGE ELBAUENLANDSCHAFT UND GESCHICHTE, DIE NACHDENKLICH STIMMT.

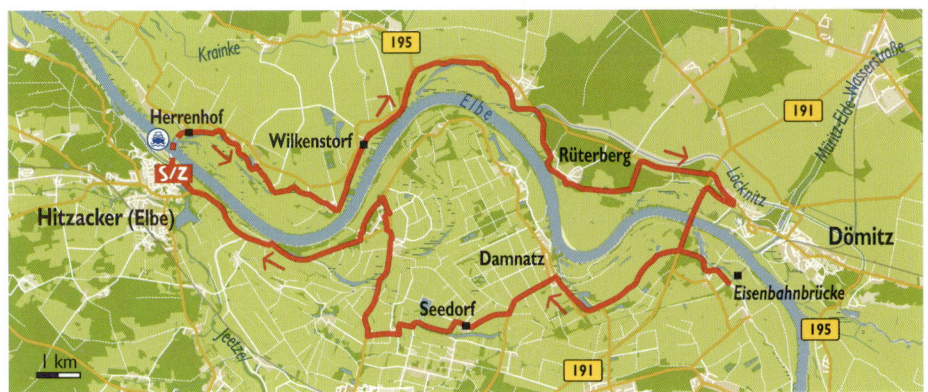

WENN KÄHNE ABHEBEN

 ... am Schiffshebewerk in Scharnebeck

#32

In Scharnebeck steht eins der größten Schiffshebewerke der Welt. Bis zu 100 Meter lange Frachter werden 38 Meter nach oben oder unten geschleust. Mit dem Schiffsaufzug können auch Besucher hoch- und runterschweben – Elbeseitenkanal und die Marsch laden zu einer Rundtour mit dem Fahrrad ein.

#durchpustenlassen #Speichenpfeifen #Gänseziehen #NaturtrifftTechnik

Bis zu 100 Meter lange Frachter warten auf ihren Einlass in die Schleuse am Elbeseitenkanal.

Am Pier am Unterhafen von Scharnebeck kommt Hafenfeeling auf. Was die Schiffe nicht alles geladen haben! Kohle, Stahlkabel, Kies. Und für die Besatzung: Auto und kleines Boot mit Außenborder. Hinter allem thront das riesige Schiffshebewerk. Mit offenen Toren wartet es auf den Frachter, der als nächstes in die Schleusenkammer fährt. So ein Kanal übt einen besonderen Sog aus, wie er sich als blaues Band bis zum Horizont zieht. Der Himmel weit, ein Spielfeld für Wolken. Oben auf dem Deich radelt man Richtung Elbe. Im Marschland präsentieren sich: Wiesen und Felder, dazwischen kleine Wälder, Hecken mit Vogelbeeren und Schlehen, Schilf und Teiche.

Wer im Herbst hier unterwegs ist, sieht zahllose Vögel, wie sie sich sammeln für ihren Flug in den Süden, hört Gänse schnattern – das typische Herbstgeräusch.

Andrea und *Niedersachsen 21* rauschen vorbei. Wohin ihre Reise wohl geht? Der Wind pustet so stark von der Elbe runter, dass es in den Speichen pfeift. Fast wie an der Nordsee! Wem das zu anstrengend ist, der kann zwischendurch unterhalb vom Deich radeln. Man darf nur die richtige Stelle nicht verpassen, um wieder hochzufahren, denn der Weg zweigt an einer Stelle ab in die Marsch. Und natürlich gibt's auch windstille Tage ...

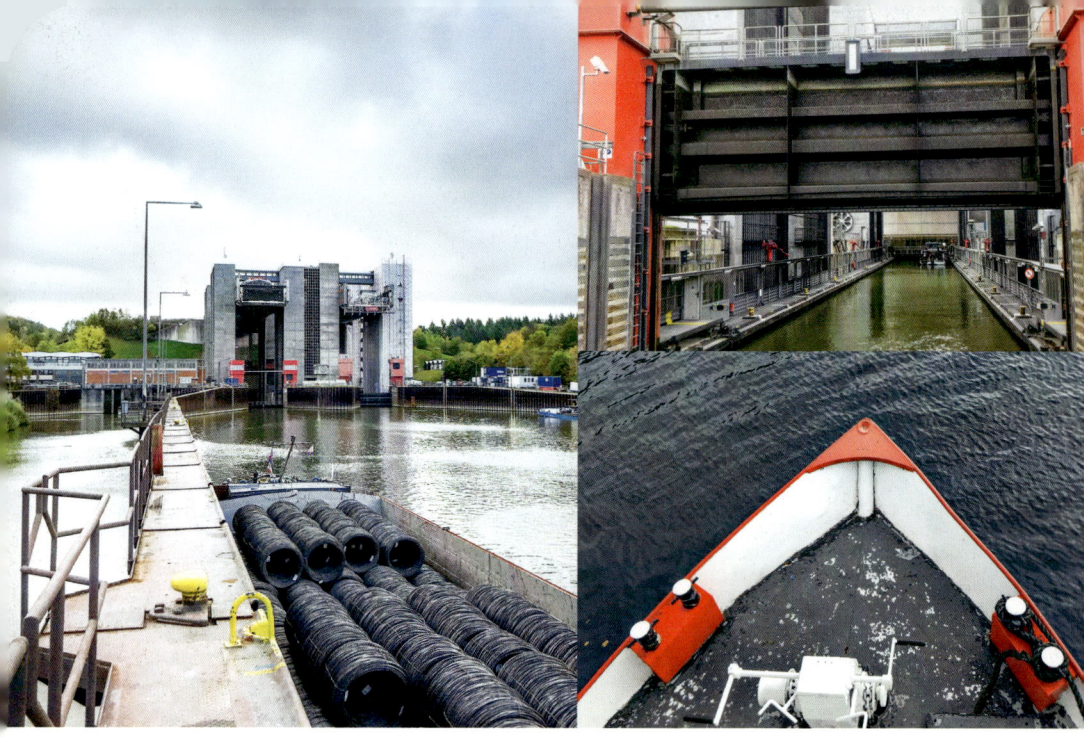

Vor Artlenburg steht ein mächtiges Spunttor, das bei Hochwasser geschlossen werden kann. Ja, die Elbe kann eine Naturgewalt sein. Hier mündet der Kanal in den Fluss. Auf dem Elbe-Radweg geht's Richtung Hohnstorf. Es lohnt sich, auf dem Grasweg einmal über die Wiesen vor zum großen Strom zu fahren. Ein kleiner See ist wie ein blaues Auge in die grüne Marsch getupft. Schwäne ziehen ihre Bahnen – Schwanensee. Wer sich hinsetzt und in Ruhe wartet, hört Gezwitscher und wird einige Vögel beobachten können.

Reiher zeigen sich hier manchmal, dazu ein paar mittelgroße braune Vögel mit heller Brust. Ein guter Birdwatcher könnte sie sicher bestimmen. Es ist, wie so oft. Man hat einen Plan und stößt unterwegs auf einen idyllischen Ort, an dem man den Rest des Tages verbringen könnte. Aber: Die Tour führt weiter parallel zum Deich. In Hohnstorf geht es nach einem Stück durch den Ort wieder in die Marsch. Mühsam den Flüssen abgetrotztes Land, von unzähligen Gräben durchzogen,

---

Hin & weg: Mit dem Auto zum Parkplatz in der Bardowicker Straße 80; von dort sind es ca. 50 m bis zum Schiffsanleger im Unterhafen, wo die Radtour beginnt und später das Boot ablegt.

Beste Zeit: Sommer, Herbst. Für Bootstouren: www.schifffahrt-hebewerk-scharnebeck.de. Das Schleusen der Schiffe kann auch ohne gebuchte Tour von einer Plattform aus beobachtet werden.

Dauer & Strecke: Reine Fahrzeit ca. 3 Std. (mit Pausen viel mehr Zeit einplanen), 27 km; Bootstour durchs Hebewerk 1 Std.

Ausrüstung: Fernglas, Picknickdecke; im Herbst: Mütze und Handschuhe.

Wunderwerk der Technik: Man glaubt es kaum. Hier schweben Riesenkähne vom Elbeland in die Geest. Oder andersrum. Die Fahrradtour am Deich entlang ist ein Naturerlebnis. Beides an einem Tag ist grandios.

die es entwässern. Gräser, Büsche, Gequake, man kommt ins Trödeln. Diese Landschaft hat etwas Beruhigendes. In Echem stellt man fest, dass doch etwas Eile angesagt ist, will man die Bootstour ins Schiffshebewerk erreichen. Da passt es gut, dass von hier ein Radweg parallel zur Straße direkt nach Scharnebeck führt. Schon bald wird man sprachlos vor Staunen vom schwebenden Schiff runter auf den Kanal blicken. In der Ferne die Brücke, an der man vorbeigeradelt ist, am Horizont ahnt man die Elbe.

FAZIT: ERST DIE RADTOUR, DANN DER KANAL AUS DER VOGELPERSPEKTIVE: DAS SCHIFFSHEBEWERK IST BEEINDRUCKEND, NICHT NUR FÜR TECHNIKFANS.

SAG' MIR, WELCHEN TURM DU HAST

 ... in Lüneburg

 **#33**

Wo gibt es sonst eine Kirche, in der ein Schiff von der Decke hängt? Der Spaziergang führt zu den drei Lüneburger Hauptkirchen, die alle auf der Europäischen Route der Backsteingotik liegen. So unterschiedlich ihre Türme, so unterschiedlich die Kirchen. Und unterwegs lässt man sich von Lüneburg verzaubern.

#Backsteingotik #Kopfsteinpflaster #Barockmusik #EngelmitHarfe #Amen

Den Turm der Michaeliskirche sieht man sofort, mächtig ragt er zwischen den Dächern der Altstadt hervor. Er weist den Weg an verzierten Giebel- und Traufhäusern vorbei. Hinter einer roten Tür verbirgt sich eine Orgelschule, kleine Handwerksbetriebe arbeiten hier noch. Dies ist kein Museum, sondern ein lebendiges Viertel.

Johann Sebastian Bach hat in der Nähe die Michaelisschule besucht und im Kirchenchor gesungen. Erstmals erwähnt wurde St. Michaelis 956. Nach ihrer Zerstörung baute man die Kirche 1371 am heutigen Standort wieder auf. Der beeindruckende Innenraum leuchtet in Terrakotta und Weiß, mutet fast italienisch an. Was muss Lüneburg für eine immens reiche Stadt gewesen sein, dass es sich damals eine so riesige Kirche leisten konnte? Ach was:

eine? Mindestens drei! Wunderschön, der Hochaltar, den die Symbole der vier Evangelisten zieren: Mensch, Löwe, Stier und Adler. Ein kostbares Kreuz hängt über der Glastür zum Innenraum.

Weiter geht's durch die Straße Am Meere. Über einer hellblauen Tür sitzt ein nackter En-

Hin & weg: Mit dem Metronom nach Lüneburg; vom ZOB zu Fuß zur Michaeliskirche. Oder mit dem Auto zum Parkplatz an den Sülzwiesen; von dort sind es ca. 10 Gehminuten.

Beste Zeit: Das ganze Jahr.

Dauer & Strecke: Ca. 3 Std., 7 km.

Ausrüstung: Bequeme Schuhe; in St. Michaelis gibt's an der Kircheninformation Leih-Tablets mit einer guten Führung, in den beiden anderen Kirchen ausführliche Informationsblätter.

Auf Kopfsteinpflaster von Kirche zu Kirche, ein kleiner Engel schaut zu, manchmal läuten Glocken. St. Michaelis (links), St. Nicolai (Aufmacherseite, links), St. Johannis (Aufmacherseite rechts).

gel mit goldener Harfe, geschnitzt natürlich, und erinnert daran, dass Lüneburg bis heute eine musikalische Stadt ist. St. Nicolai war einmal die Kirche der Schiffer und Böttcher, beides wichtige Berufsstände in der mittelalterlichen Stadt. Damals wurden in Lüneburg jährlich 25 000 Tonnen Salz gewonnen. Die Schiffer brachten das weiße Gold in sogenannten Ilmenau-Ewern nach Lübeck; von dort ging es in den ganzen Ostseeraum. Die Böttcher fertigten die Fässer (Bottiche), in denen die Heringe gepökelt, mit Salz haltbar gemacht, wurden.

In St. Nicolai hängt ein Schiff von der Decke, das an genau diese Zeit erinnert. Benannt nach dem Schutzpatron der Seeleute, steht die Kirche in der Nähe des Ilmenauhafens. Mit 28,5 Metern Deckenhöhe ist sie die höchste der drei Hauptkirchen. In ihrem spitzen Turm schlagen drei Glocken, eine davon, die Marienglocke, wurde 1491 gegossen. Man braucht ordentlich Kraft in den Armen, um die mit Rosetten beschlagene Eingangstür zu öffnen. Hoch und streng ragen im Kirchenschiff die

Pfeiler empor, aber man fühlt sich dennoch geborgen. Ein Sterngewölbe überspannt das gesamte Mittelschiff, und am Chorumgang hängt eine der ältesten Stadtansichten Lüneburgs (von 1445).

Auf dem berühmten Platz Am Sande steht St. Johannis seit dem 12. Jahrhundert. Selbstbewusst, ein Fels in der Brandung. Im prächtigen Inneren des fünfschiffigen Baus erwarten den Besucher ein kostbarer Flügelaltar aus dem 15. Jahrhundert und eine der schönsten und ältesten Orgeln Deutschlands, zu der auf Anfrage Extraführungen angeboten werden (KiMuBueroJohannis@gmx.de). Krönender Abschluss – egal in welcher der drei Kirchen: eins der vielen Konzerte! Von Bach bis Jazz, himmlische Klänge.

FAZIT: ALLE DREI KIRCHEN BERÜHREN. DAZWISCHEN LIEGT EIN SPAZIERGANG IN EINER STADT MIT GESCHICHTE, KUNST, MUSIK – UND VIELEN CAFÉS.

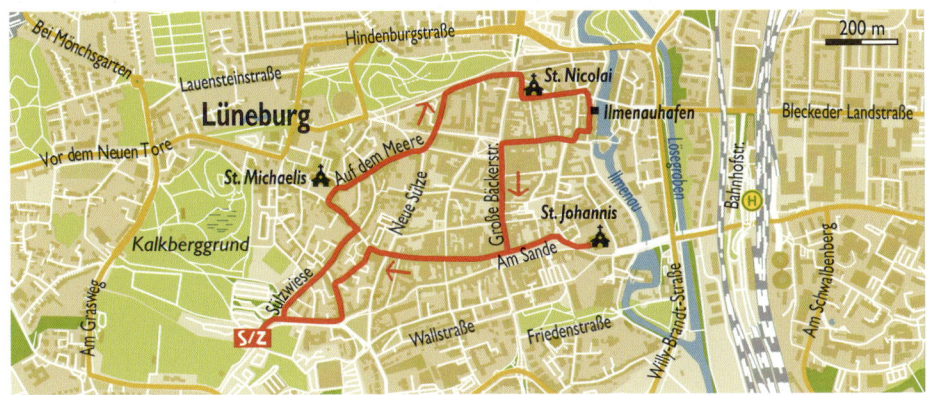

SCHNUCKEN-MEER

 ... in der Misselhorner Heide

#34

Die Weite, die Farben, der hohe Himmel. Der Naturpark Südheide ist einer der größten zusammenhängenden Naturparks Deutschlands. Hier kann man vor allem außerhalb der Heideblüte tagelang wandern, ohne auf viele Menschen zu stoßen. Zum Beispiel in der Misselhorner Heide.

#Wanderlust #Hauptsachedraußen #Schnuckengucken #Blaubeerenpflücken

Heidschnuckenherden halten die großen Heideflächen offen. Sie zu treffen, ist ein Erlebnis.

Der Gesang der Heidelerche, Kiefernduft, kleine Beeren und Tierspuren. Eine Wanderung durch die Heide verzaubert die Sinne. In der Misselhorner Heide ist vom gemütlichen Spaziergang bis zur mehrstündigen Tour für jeden etwas dabei. Auch Etappen des berühmten Heidschnuckenwegs, des Heidepanoramawegs und des Jakobuswegs Lüneburger Heide verlaufen hier.

Wer den langen Rundweg wählt, orientiert sich an dem lila Piktogramm. Auf Sandwegen geht es in die Heide, Teil des europäischen Naturschutzprojekts Natura 2000, das sich für den Erhalt von Trocken- und Feuchtheide, auch von nährstoffarmen Gewässern einsetzt. Denn zu viele Nährstoffe schätzt die karge Heide nicht. Oft ist ihr der Stickstoffgehalt im Regen schon zu viel. Auf gedüngten Flächen würde sie niemals wachsen.

Der Weg schlängelt sich in sanften Kurven, mal bergab, dann wieder bergauf. Die rauen Sträucher bilden eine dichte Matte. Man

In manchen Sommern ist es sogar der genügsamen Heide zu trocken. Dann färbt sie sich nicht überall lila. Aber auch in Rost ist die Weite beeindruckend. Die Fellfarbe der Schnucken passt perfekt dazu.

kann sich vorstellen, wie es darin kreucht und fleucht – Schmetterlinge wie die Rostbinde sind nur eine von 2500 Arten! Und da sind sie: kleine beige Punkte in der Ferne. Langsam zupfend, in Trippelschritten, kommen die Heidschnucken näher. Dicke Wollknäuel auf vier dünnen Beinen. Ein Gespräch mit dem Schäfer lässt sich nicht erzwingen, so etwas muss sich ergeben. Dann aber ist es hochinteressant, was er erzählt. Nicht nur über seine Schnucken, sondern auch über Natur und Umweltschutz (nur von der Idylle kann man nicht

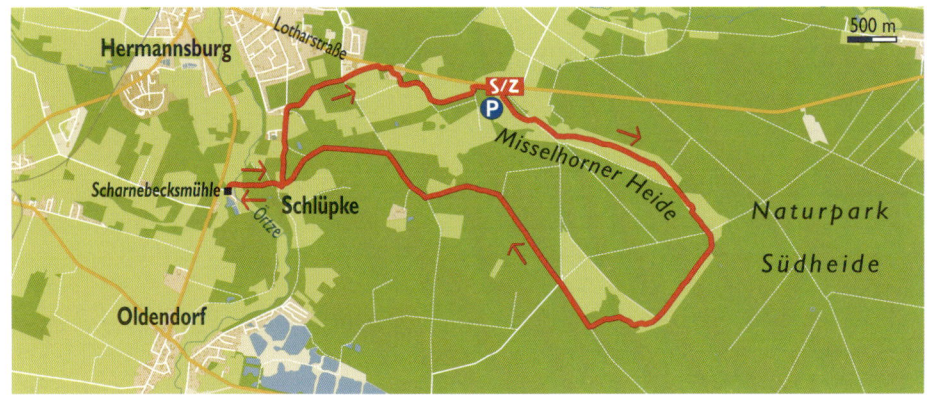

Leben auf dem Lande: Am Rand der Heide liegen versteckte Höfe und Weiler.

abbeißen), über die Überdüngung der Felder. Über das Altwerden und den Tod. Schäfer sind bei Wind und Wetter draußen und haben dort viel Zeit zum Nachdenken. Wenn die Herde weiterzieht, sieht sie aus wie ein Schafmeer, Wellen mit weißen Schaumkronen.

Im idyllischen Tiefental sind Bienenkörbe aufgestellt. Besonders Ende des 19. Jahrhunderts hatte die Imkerei eine große wirtschaftliche Bedeutung für die Heidebauern. Sie errichteten »Bienenzäune«, häufig mit Reetdach gedeckte überdachte Bretterverschläge, in die sie die Bienenkörbe oder -kästen während der Heideblüte stellten.

Zeit für ein Picknick am Gedenkstein für die Hermannsburger Missionsfeste. Von hier aus kann man auf direktem Weg zum Parkplatz zurückwandern (gelbe Raute). Wer noch weiterziehen möchte, schlägt einen größeren Bogen. Oft sieht man Wildschweinspuren im Wald, wenn sie mal wieder ganze Arbeit geleistet und zwischen den Bäumen den Boden aufgewühlt haben.

In Schlüpke liegt ein romantischer Hof, der Ferienwohnungen anbietet. Nur Cappuccino gibt es hier nicht. Auch an der Scharnebecksmühle nicht, zu der sich trotzdem ein Abstecher lohnt. Kurz vor Hermannsburg geht es rechts am Waldrand entlang, vorbei an einigen Höfen unter alten Eichen. Wenn viele Eicheln die Wege bedecken, heißt es, es wird ein harter Winter. Auch eine gute Zeit, um hierher zurückzukommen. Heide weiß überpudert ist sicher ein Traum.

FAZIT: HIER WIRD DER HORIZONT ZURECHTGERÜCKT: NICHT DER MENSCH IST DER MITTELPUNKT DER ERDE, SONDERN DIE NATUR.

Hin & weg: Mit dem Auto zum Parkplatz Misselhorner Heide und Tiefental (an der K 17 zwischen Unterlüss und Hermannsburg auf der linken Seite). Von dort weiter zu Fuß (die Sandwege sind für Fahrräder nicht geeignet).

Beste Zeit: Das ganze Jahr über schön. Schnuckeneintrieb: Juni–Oktober, am Schafstall in der Nähe des Parkplatzes. Termine: Tourist Information Hermannsburg, hermannsburg@lueneburger-heide.de

Dauer & Strecke: Ca. 5 Std. (gerne auch viel länger), 15 km.

Ausrüstung: Genug Wasser und Picknick (keine Einkehrmöglichkeiten!), Korb (im Sommer für Blaubeeren, im Herbst für Pilze).

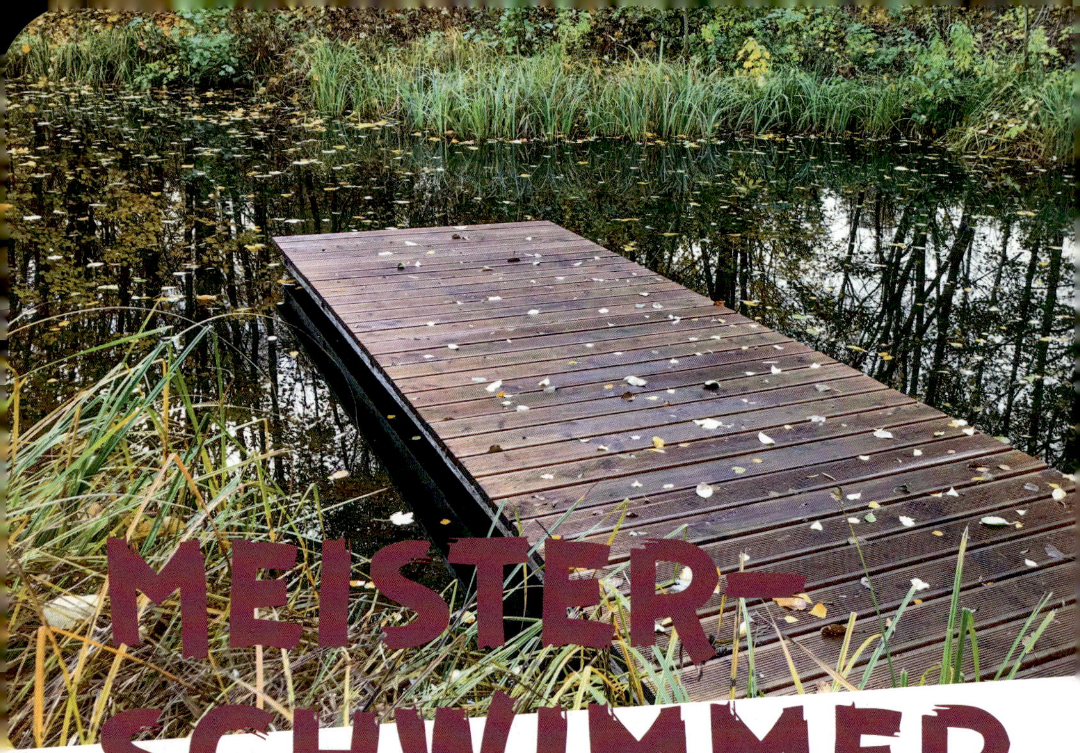

MEISTER-SCHWIMMER

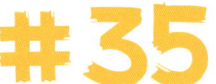

... im Otter-Zentrum in Hankensbüttel

#35

Wege schlängeln sich durch Wald und an einem Bach entlang. Am Ufer eines Weihers liegen Baumstämme, es ist schön sumpfig – ein Fischottertraum. Im Otter-Zentrum Hankensbüttel lassen sich die verspielten Tiere in naturbelassener Umgebung beobachten.

#HappySwimmer #sieliebenesnass #wodiewildenKerlewohnen #Baumpfad

Wasser ist ihr Element: Das dichte Otterfell schützt auch vor großer Kälte.

Was er nicht liebt: schnurgerade Flüsse mit kahlen Ufern in Feldern, die bis zum Rand abgemäht sind. Was er liebt: natürliche Flüsse mit möglichst dicht bewachsener Böschung, auch Seen mit viel Schilf und Röhricht. Er braucht viele Unterschlupfmöglichkeiten, um dort seine Jungtiere aufzuziehen. Manchmal hat er ganze 40 Verstecke in seinem Revier. Kein Wunder, dass man ihn in freier Natur so selten sieht. Noch dazu ist er dämmerungs- und nachtaktiv.

Der Fischotter war in Deutschland jahrzehntelang so gut wie ausgestorben, doch in den letzten Jahren ist er in die Lüneburger Heide zurückgekehrt. An Luhe und Örtze zum Beispiel, aber auch an Lachte und Ise werden hin und wieder Otter oder zumindest ihre Spuren gesichtet. Es hat sich doch ein bisschen was getan: Abschnitte von Bächen wurden renaturiert, ehemals trockengelegte Gebiete dürfen wieder versumpfen, Moore werden geschützt und Randstreifen an Flüssen nicht mehr abge-

Von Aussichtsplattformen lassen sich Otter beobachten, der Baumwipfelpfad führt durchs Revier der Baummarder.

vorführung zu beobachten. Wo eines dieser Tiere mit dem glänzenden Fell gerade unterwegs ist, da breiten sich kreisförmige Wellen im Wasser aus.

Nicht nur Fischotter leben in dem Naturzentrum, sondern auch ihre nächsten Verwandten, wie Dachse, Hermeline, Nerze und Iltisse. Ein Baumpfad führt in luftiger Höhe mitten durch ein Baummarderrevier. Wer hier bis zur Fütterung wartet, bekommt die wilden Kerle zu Gesicht. Auch bei den Fischottern kann man zusehen, wie sie gefüttert werden, und viel Wissenswertes erfahren. Zum Beispiel, dass sie 50 000 Haare auf einem Quadratzentimeter Fell haben – eiskaltes Wasser stört sie deshalb nicht.

mäht. Die Natur dankt es: Libellen, Frösche, Störche, Otter finden dann wieder, was sie zum Leben brauchen.

Wer viel in der Heide unterwegs ist, stößt auf einige Renaturierungsprojekte, wie sie auch das Otter-Zentrum Hankensbüttel unterstützt. Zu gerne würde man mal einen der scheuen Fischotter in freier Natur sehen. Bis es soweit ist, hat man in Hankensbüttel bei Gifhorn eine gute Alternative. Im dunklen Wasser des Otterteichs sind die Tiere zuerst gar nicht leicht zu erkennen. Doch dann stellt sich das Auge auf die Naturfarben ein – und da sind sie: Sie schwimmen einfach für ihr Leben gern, tauchen, drehen sich um die eigene Achse. Man hat das Gefühl, sie tun es aus Spaß. Von zwei Aussichtsplattformen und einer Brücke hat man einen perfekten Platz, um die Schwimm-

Das Otter-Zentrum liegt direkt am Isenhagener See. Hier brütet von April bis August ein Storchenpaar, das man von einer Brücke aus mit einem Fernrohr beobachten kann. Im Sommer ist am anderen Ende des Sees ein Waldbad

Hin & weg: Mit dem Erixx nach Wittingen; von dort mit Bus 120 nach Hankensbüttel-Schulzentrum (von dort sind es 5 Gehminuten). Oder mit dem Auto: Das Otter-Zentrum liegt direkt an der B 244 am Ortsausgang von Hankensbüttel Richtung Wittingen.

Beste Zeit: Frühling–Herbst (Dezember und Januar ist das Otter-Zentrum geschlossen); Infos auf www.otterzentrum.de

Dauer: ½ Tag, der sich gerne auf einen ganzen Tag verlängern lässt.

Ausrüstung: Picknick (aber es sind auch Einkehrmöglichkeit vorhanden), Fernglas (auch für die Störche am Isenhagener See); im Sommer Badesachen fürs nahe Waldbad.

Um den Isenhagener See führt ein Spazierweg. Zur Brutzeit lassen sich hier ein Storchenpaar und mit Glück Eisvögel beobachten. Der See grenzt direkt ans Otter-Zentrum.

mit Tretbootverleih geöffnet. Und wer noch sein Glück mit Ottern in freier Natur probieren möchte, fährt weiter ins 15 Kilometer entfernte Wahrenholz (Richtung Gifhorn). Von dort führen mehrere schöne Wanderwege an der Ise entlang.

FAZIT: FISCHOTTER IN NATURNAHER UMGEBUNG SEHEN UND SICH AUF DER NÄCHSTEN FLUSSWANDERUNG NOCH BESSER VORSTELLEN KÖNNEN, WIE SIE LEBEN.

WOLKEN JAGEN

 ... im Elbeland

 **#36**

Ein Tag an der Elbe weitet Herz und Horizont. Der Wind bläst mal sanft, mal weht er kräftig, im Winter kann es ganz schön stürmen. Entsprechend raschelt das Schilf: mal zart, mal laut. Die Ausblicke sind immer fantastisch, auch auf dem Rückweg über die Felder.

#Wolkenzauber #Elbwanderung #Vogelorchester #weiterBlick

Der Elbwanderweg ist einer der schönsten Wanderwege in Deutschland. Über Feuchtwiesen schweift der Blick zum Ufer. Auf Weidenwälder, deren Blätter im Wind silbrig glitzern. In der Luft liegt das ohrenbetäubende Geschnatter der Gänse. Das Besondere an dem Vogelkonzert: Mit dem flusszugewandten Ohr hört man die Seevögel – Möwengeschrei, Enten, Blässhühner, Wachtelkönige. Mit dem landeinwärts gerichteten Ohr die Singvögel im Wald, ein ganz anderer Sound. Manchmal vermischen sich die Stimmen. Auch am Himmel findet oft ein Spektakel statt – dicke Wattewolkenberge auf blau-grauem Grund. Wer sich in einer der kleinen Sandbuchten auf den Rücken legt und nach oben schaut, kann dabei die Zeit vergessen. Alle Hektik fällt von einem ab. Also öfter mal stehenbleiben, sonst läuft man ja an allem vorbei! An dem Graureiher vielleicht – diese Vögel sind

so unbeschreiblich scheu. Von der Hauptstraße Richtung Hitzacker biegt am Ortsende von Tießau ein Wiesenweg ab. Dieser führt an einen kleinen Seitenarm der Elbe, der im ehemaligen Tießauer Hafen endet. Eine riesengroße Eiche steht am Ufer. Man wandert auf einem Abschnitt des Klötzie-Stiegs, der schon in Hitzacker startet, und muss rechtzeitig links auf einen weiteren Wiesenweg abbiegen, denn vorne an der Elbe geht es nicht wei-

Hin & weg: Mit dem Auto nach Tießau. Wer den ganzen Klötzie-Weg von Hitzacker aus wandert, nimmt den Erixx von Lüneburg nach Hitzacker.

Beste Zeit: April–November.

Dauer & Strecke: ½ bis 1 Tag mit Strandpausen, 12 km.

Ausrüstung: Rucksack mit Proviant, Fernglas; im Sommer Sonnencreme und -cap.

Vom Aussichtsturm am Kniepenberg reicht der Blick bis nach Mecklenburg-Vorpommern. Am Himmel wechselt ununterbrochen das Wolkenbild.

ter. Wenig später kommt man wieder dichter an den Fluss. Strandhafer und Heckenrosen wachsen am Wegrand, ideales Nistgebiet für viele Vögel. Eichen, Erlen, Birken, Pappeln und immer wieder große Weiden bilden über dem Weg manchmal ein richtiges Dach. Bei Hochwasser herrscht hier Land unter, und dieser Wechsel zwischen nass und trocken lässt eine besondere Flora und Fauna entstehen.

Hinter Tiesmesland lohnt sich ein Abstecher durch den Wald, das Steilufer hoch. Auf dem Aussichtsturm Kniepenberg hat man einen sensationellen Blick bis nach Mecklenburg-Vorpommern. Nach West und Ost erstreckt sich der Drawehn-Höhenzug, und unterhalb des Steilufers strömt die Elbe im Panoramaformat. Wieder unten am Strom erreicht man bald Drethem (wo der Klötzie-Stieg nach Süden ins Landesinnere führt). Es geht über die Straße Richtung Bahrendorf, dann vorbei an Birnbäumen aus dem Dorf raus, durch Buchenwälder und schließlich am Waldrand entlang. Überall wächst im Herbst wildes Obst, Proviant für unterwegs. Über den Feldern jagen sich die Wolken, in den Bahrendorfer Bauerngärten blühen meterhohe Sonnenblumen und Liebesperlensträucher tragen lila Beeren. Von dort geht es in einem Bogen nach Tießau zurück.

Tipp: Wer den ganzen, teils recht hügeligen Klötzie-Stieg von Hitzacker aus gehen will (26 km, Infos: www.wendland-elbe.de/de/kloetzie-stieg), sollte zwei Tage einplanen – mit Übernachtung in Drethem oder Bahrendorf – oder ganz früh losgehen.

Und ewig lockt die Elbe. Man kann sich kaum vorstellen, dass hier bei Hochwasser Land unter herrscht.

FAZIT: WANDERN DURCH DIE BIOSPHÄRENREGION ELBTALAUE-WENDLAND. SO VIEL NATUR MACHT GLÜCKLICH UND AN DER ELBE ENTLANG SOWIESO.

UNTER ALTEN BÄUMEN

 ... in der Göhrde

Wer in die Göhrde fährt, taucht in eine Waldwelt ein. Die Anfahrt in den gleichnamigen Ort führt einen Berg hinunter, wie in einer kleinen Schlucht. Links und rechts ziehen sich die Wälder nach oben. Auf den Wanderer wartet ein Blättertraum.

Weitläufige Wanderwege ziehen sich durch die Göhrde. Stachelige Kugeln im Laub: Das sind Maronen – Esskastanien in Schale.

fer bis Hirsch – und wie im Kosmos Wald fast alles mit allem zusammenhängt.

Wanderwege gibt es viele durch die Göhrde. Man startet zum Beispiel Richtung Govelin und bleibt nicht lange auf dem Weg. Die Zweige knacken unter den Füßen, Brombeergesträuch kratzt an den Hosenbeinen, und wenn man nicht aufpasst, brennen Brennnesseln an der Hand. Im Wurzelwerk eines Baumes gähnt ein Loch. Eine Fuchshöhle vielleicht, oder ein Bau vom Dachs? Wer so durch den Wald streunt, wüsste gerne mehr. Welches Tier hat hier seine Losung gelassen? Ein Hase? Nein, dafür sind die Köttel zu groß. Oder ein Hirsch? Auch Mufflons sollen hier leben, und seit 2014 wieder Wölfe (das Biohotel Kenners Landlust bietet Wanderungen auf den Spuren von Isegrim an; www.kenners-landlust.de)

Kurz vor Govelin biegt man links in einen Forstweg ein, am Bahndamm hält man sich wieder links, Richtung Leitstade und Tangsehl. Und jetzt entdeckt man etwas wirklich Erstaunliches. Hellgrüne Kugeln liegen am Boden, so

Die Wälder der Göhrde bilden den größten zusammenhängenden Mischwald Norddeutschlands. Rotbuchen, Waldkiefern, Lärchen und imponierende Eichen. Aber auch Espen, Weiden und Ebereschen. Hier leben herausragende Baumpersönlichkeiten. Und ist es nicht so, dass jeder Baum seine eigene Persönlichkeit hat? Wirkt nicht die Eiche ehrwürdig, vielleicht ein bisschen humorlos? Die Buche beständig, irgendwie freundlich?

Mit alten Wäldern ist es wie mit Bergen. Man fragt sich, was sie alles schon gesehen haben. Nicht weit von hier wurden Truppen Napoleons in der Schlacht an der Göhrde geschlagen, Könige und Kaiser jagten in dem Gebiet. Heute können sich Spaziergänger im sehenswerten Naturum in Göhrde auf Waldwunder einstimmen (www.naturum-goehrde.de). Es wird erklärt, welche Arten hier leben – von Hirschkä-

Hin & weg: Mit dem Auto nach Göhrde zum Parkplatz am Naturum. In Leitstade, das auf der Rundwanderung liegt, hält der RB 32 von Lüneburg nach Dannenberg-Ost.

Beste Zeit: Herbst. Im Juni blühen in der Nähe von Govelin Feuerlilien.

Dauer & Strecke: Ein halber Tag, 13 km; mit Pausen länger, mit Obst- und Beerenpflücken (natürlich nur, wenn sie frei stehen) noch länger.

Ausrüstung: Feste Schuhe, Stoffbeutel, evtl. Pilzmesser.

Weiter Himmel, weiter Blick: Das ist Norddeutschland. Im Wendland, an Feldrändern, verführen herrenlose Obstbäume zum Pflücken.

stachelig, dass man sie kaum aufheben kann. Dahinter verbergen sich Maronen – nicht Pilze, sondern Esskastanien. Wären sie schon reif, könnte man sie mit nach Hause nehmen und im Backofen rösten.

In Tangsehl steht eine Wassermühle, die 1353 das erste Mal erwähnt wurde, ansonsten ist in dem kleinen Dorf nicht viel los. Feldwege führen an Hecken und Knicks entlang, auf den Äckern stehen nur noch kurze Stoppeln. Unverhofft stößt man auf eine wilde Streuobstwiese. Die Bäume tragen rote und gelbgrüne

Äpfel – sie schmecken gut! Die Äste biegen sich unter der Last. Ein paar Schritte weiter sind Holunderbeeren reif. Über Nieperfitz und Dübbekold wandert man zurück nach Göhrde. Ob mit vollen Taschen, wird nicht verraten.

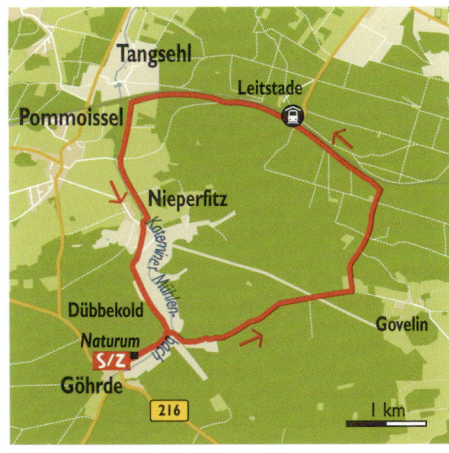

TIERSPUREN, WILDE FRÜCHTE UND DER DUFT VON HARZ UND BLÄTTERN – IN EINEM DER SCHÖNSTEN WALDGEBIETE NORDDEUTSCHLANDS.

IMMER SCHÖN LANGSAM

 ... in der Nemitzer Heide

#38

Ihr Fell ist weich, und ihre Nüstern sind es auch. Gescheckte Gefährten mit langen Ohren warten im Wendland auf Wanderbegleiter. Mit ihnen streift man durch die Nemitzer Heide. Wer sich mal überhaupt nicht beeilen will, ist hier richtig. Ein inspirierendes Naturerlebnis – danach ist der Kopf auf jeden Fall frei.

#großesHeideglück #derEselweißwohin #rupfzupf #Wanderteam

In Trebel steht eine alte Feldsteinkirche aus dem 13. Jahrhundert. Ihre Mauern sind bis zu 1,35 m dick.

hier, rupf da, den Strick in der Hand stellt man sich auf die Grautiere ein. Ihr Fell fühlt sich gut an, die Sonne auch. Wie schön die Farben sind. Sibirische Tundra? Nein, Nemitzer Heide. Die Besenheide, 2019 Blume des Jahres, schmeckt den Eseln vorzüglich. Mit Trippelschritten geht es voran. Viel Zeit, um sich zu unterhalten. Den Wendländern zu lauschen, was sie über die Anti-Atomkraft-Bewegung erzählen, die hier alle eint. Das Wendland hat wilde Zeiten erlebt, sich erst einmal erfolgreich gegen das Endlager in Gorleben gewehrt. Aber es war ein weiter Weg, der auch noch nicht zu Ende ist.

Haben zwei der Esel den dritten abgehängt, dann zeigt der, dass er ganz schön schnell sein kann, wenn er nur will. Zack, zack, aufgeholt. Kinder und Fellnasen sind ein richtig gutes Team. Kein einziges Mal hört man: Wie lange noch? Aber auch für Erwachsene ist die Wanderung besonders. Wann lässt man sich schon mal in so langsamem Tempo auf eine Landschaft ein? Noch dazu auf eine, die beruhigt und berührt.

Ein Tag offline, ohne Hetze? So geht's! Kartoffeln lagern in Scheunen hinter blauen Toren, kleine Sträßchen schlängeln sich von Dorf zu Dorf. Dazwischen Wälder, Felder, Weiden. Das Wendland ist schön dünn besiedelt. In Trebel leben Lady, Bruno und Cindy, unsere Wanderfreunde für heute. Ihr Besitzer, Gerhard Haas, hat sie mit der Eselnothilfe vor dem Schlachter und aus nicht-artgerechter Haltung gerettet. Schon der kurze Weg vom Paddock in die Nemitzer Heide ist für die Langohren verführerisch. Eschenblätter und Eicheln am Boden, da können sie nicht widerstehen. Schnell ist klar, wer das Tempo vorgibt. Die Esel, nicht wir, und so soll's auch sein. Das ändert sich auch im Wald nicht. Schafgarbe, Reitgras und Spitzwegerich scheinen Delikatessen zu sein. Und Esel können ganz schön kräftig ziehen, wenn sie in eine andere Richtung wollen. Rupf

Hin & weg: Mit dem Auto nach Trebel (Wendland). Wer die Strecke ohne Esel wandern will, startet am besten am Nemitzer Heidehaus.

Beste Zeit: Mai–Oktober; Termine für Eselwanderungen gibt's das ganze Jahr über (witterungsabhängig) unter www.eselbegegnungen.de. Auch individuelle Terminvereinbarungen sind möglich.

Dauer & Strecke: Ca. 2 Std., 5 km; die Anfahrt dauert etwas – am besten also einen ganzen Tag in der Gegend planen.

Ausrüstung: Feste Schuhe, Picknick.

Birkenlandschaft wie in der sibirischen Tundra. Nur dort gibt es vermutlich keine Eselwanderungen – hier schon!

Zeit für ein Picknick. Thermoskannen aufschrauben, die selbstgeschmierten Brote verteilen, da hat es keiner eilig. Irgendwie passen die Esel perfekt in die karge Heide: sie sind ähnlich genügsam. Die Esel wissen ganz genau, wenn es wieder Richtung Heimat geht. Ihr Besitzer freut sich über eine Spende für die Eselnothilfe. Sonst möchte er nichts für diesen wunderschönen Ausflug. Typisch Wendland irgendwie.

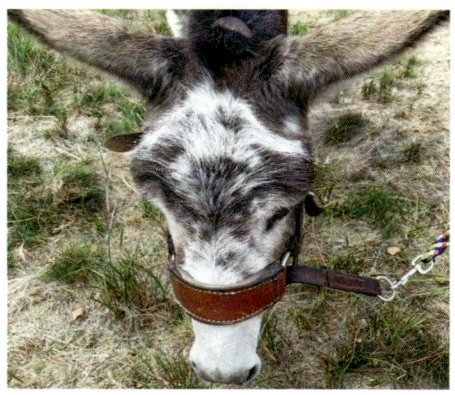

Wer sich von der Heide noch nicht trennen kann, findet im Nemitzer Heidehaus (www.ne mitzer-heidehaus.de) ein Café mit feiner Karte und im ersten Stock eine kleine sehenswerte Ausstellung über Entstehung und Artenvielfalt der Nemitzer Heide. Auch noch schön anzusehen: die Feldsteinkirche in Trebel, ein Schmuckstück mit kostbarer Barockorgel. Direkt gegenüber steht das Heidegasthaus Trebeler Bauernstuben (www.trebeler-bauernstuben. de). Hier wurde früher Widerstand geplant. Heute wird kreativ und gut gekocht. Passt im Wendland alles zusammen.

FAZIT: EINE ESELSWANDERUNG HAT ETWAS MEDITATIVES, FAST ETWAS VON EINER PILGERWANDERUNG. LUXUS FÜR DIE GANZE FAMILIE. ENTSCHLEUNIGT ALLE.

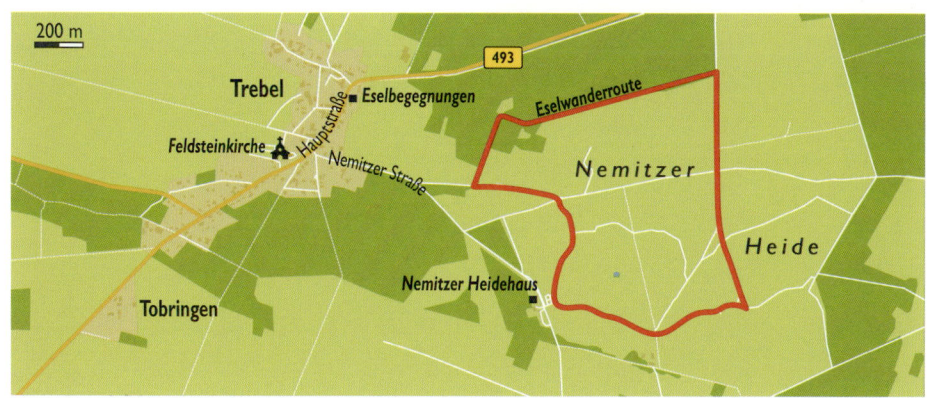

GRÜNES BAND

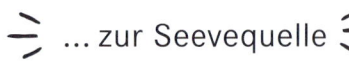 ... zur Seevequelle

 **#39**

Ein kleiner Fluss leiht einem ganzen Landstrich zwischen Heide und Hamburg seinen Namen. Er schlängelt sich durch äußerst abwechslungsreiche Landschaften. Und eines Tages steigt man in Lüllau bei Jesteburg auf's Fahrrad, um bis an seine Quelle zu fahren.

#Elfenland #silberneHeide #kleinerFlusseiskalt #SeeveGeflüster

Die Seeve ist immerhin
42 Kilometer lang. Die Radtour
folgt ihrem oberen Abschnitt.

Es gibt Flüsse, auf die stößt man immer wieder. Überquert sie auf einer Brücke, hält seine
Füße hinein oder paddelt auf ihrem Unterlauf.
Irgendwann möchte man einfach wissen, wo
sie herkommen, ihre Quelle suchen. Der See-
ve-Radweg führt in drei Ringen von der Elbe
bis zur Seevequelle. Man könnte ihn in drei
Tagen absolvieren. Wer nur einen Tag Zeit hat,
entscheidet sich am besten für Ring 1, vielleicht die malerischste Etappe, und startet in
Lüllau an der Brücke. Wirft einen ersten Blick
auf den friedlichen Fluss, der einem durch
satte Wiesen entgegenkommt. Etwas Weg
hat er schon hinter, eine ganze Ecke noch vor
sich. Der Radweg führt auf kleinen Sträßchen

über Thelstorf Richtung Holm. Pferde grasen
auf Weiden an der Seeve, Fleckvieh frisst
draußen aus großen Trögen und blickt dem
Fahrradfahrer gutmütig entgegen. An wilden
Hecken läuten Beeren rosa den Herbst ein,
und auf einem Hof ist bereits das Kaminholz
für den Winter aufgeschichtet. In Holm drehte
die Seeve schon im 16. Jahrhundert das Mühlrad, das zu einem Rittergut gehörte. Die Inz-
mühlener Heide schimmert silbrig, ein Schild
an der Straße warnt vor Schafsverkehr.

In Wesel biegt man rechts ab in noch mehr
Idyll. Felder, Heide und lichter Wald wechseln
sich ab, bevor man das über 1000 Jahre alte

Wehlen erreicht. Heidehöfe, Feldsteinmauern, Obstgärten: Das Dorf hat sich seinen Bilderbuchcharakter erhalten, Autos lässt es nur mit Sondergenehmigung hinein. Die Seevequelle liegt nicht weit entfernt.

Mit dem Fahrrad geht es über einen Waldpfad – unter der Woche ist hier kein Mensch unterwegs. Zwischen Bäumen liegen zwei Teiche, in denen sich das Wasser der Seevequelle sammelt, bevor es richtig losfließt. Das Rad lässt man am besten hinter der kleinen Holzbrücke stehen. Ein schöner Picknickplatz, aber es reizt auch, ein Stück links in den Wald zu stapfen. Es führt zwar kein Weg hinein, aber mal schauen, ob es noch etwas näher an die Seeve geht. Ganz schön dicht, das Gestrüpp, und zum Ufer hin wird es immer sumpfiger. Wer nicht aufpasst, bekommt sofort nasse Füße. Irgendwie verwunschen hier. Nicht weit entfernt tritt das Wasser aus der Erde, mitten im Naturschutzgebiet Lüneburger Heide. Warum gerade hier? Ganz ran kommt man nicht, ein bisschen ist es wie im Elfenland.

Wir lassen der Seevequelle ihr Geheimnis und steigen wieder aufs Rad. Auf dem Weg zurück nach Wehlen hält man sich links Richtung Inzmühlen: Direkt an der Seeve liegt der Cassenshof mit einem traumhaften Garten (www.cassenshof.de). Unter alten Bäumen blickt man auf das Flüsschen, das hier schon ein bisschen Fahrt aufgenommen hat. Im Bogen geht es über Handeloh und Holm-Seppensen nach Lüllau zurück. Wer war jetzt schneller, die Seeve oder der Radler? Im Dorfkrug am Mühlenteich sitzt man am Wasser – perfekt, um den Tag ausklingen zu lassen (www.brookhoff.de).

Das Flüsschen ist ganz schön kalt: auch im Sommer nur sechs bis acht Grad. Zwischendurch verliert man es aus den Augen. Das macht nichts, denn auch die Landschaft ist liebenswert.

FAZIT: DER KLEINE FLUSS WÄCHST EINEM RICHTIG ANS HERZ, AUCH WENN ER SICH UNTERWEGS GAR NICHT IMMER ZEIGT.

Hin & weg: Mit dem Metronom nach Buchholz; von dort mit dem Heide-Shuttle (siehe Eskapade #3) nach Lüllau-Seevebrücke. Alternativ mit dem Fahrrad von Buchholz nach Lüllau (5,5 km). Oder mit dem Auto nach Lüllau (direkt an der Seevebrücke ist ein Parkplatz).

Beste Zeit: Mai–September.

Dauer & Strecke: 4–5 Std. ohne Picknick und/ oder Einkehr, mit macht's noch mehr Spaß, ca. 35 km. Viele Informationen und GPS-Tracks: www.seeve-radweg.de

Ausrüstung: Fahrradkorb oder Rucksack, ausreichend Getränke, Picknick.

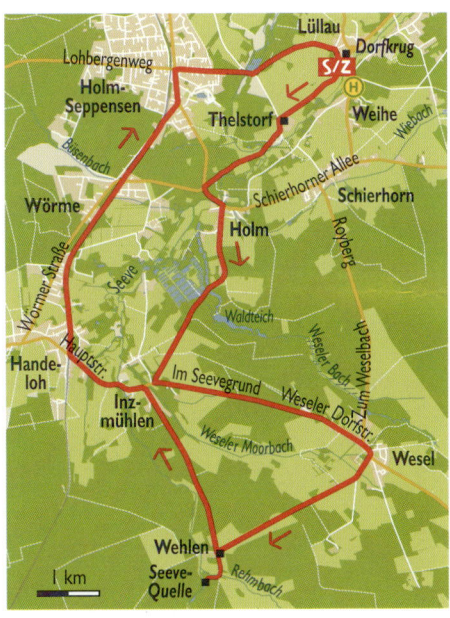

PILGER-
RADELN

>‡ ... der Muschel nach zum Kloster Wienhausen ‡<

#40

Zwischen Eschede und Celle verläuft der Jakobusweg Lüneburger Heide (auch Via Scandinavica genannt). Der Clou: Auf dem abwechslungsreichen Pilgerweg lässt sich auch gut Fahrrad fahren. An der Route liegt das Kloster Wienhausen mit seinen mittelalterlichen Schätzen.

#Muschelnsuchen #Gärtenblühen #Allerwiesen #inderAbendsonne

Pilgern mal anders: mit dem
Fahrrad. Das Kloster ist ein
spiritueller Ort.

Am Anfang ein Tipp: Das Symbol für den Jakobsweg, gelbe Muschel auf blauem Grund, ist bekannt. Aber: Die schmale Seite der Muschel weist in die richtige Richtung, nicht die Strahlen, wie man vielleicht denken könnte. In Eschede geht's zunächst auf dem Aschau-Wanderweg am gleichnamigen Flüsschen entlang. Das Wasser glitzert zwischen Erlen und Weiden – ziemlich romantisch ist es hier. Man fährt auf Gras, Feldwegen, kleinen Asphaltsträßchen, in Habighorst plätschert ein Mühlrad vor sich hin. Man radelt durch Wälder – hier können die Wege schon mal etwas sandig oder steinig sein – an leuchtend gelben Rapsfeldern entlang, bis nach Beedenbostel. An Wald- und Feldrändern rastet es

sich schön. In Lachendorf begrüßt einen ein Werwolf aus Wurzeln.

Einer alten Heidelegende nach trieb er einst in der Umgebung sein Unwesen. Ein großer Hof verkauft dicke Kürbisse (der Butternut ist essbar, der Mützenkürbis nicht), Walnüsse und Äpfel.

Kloster Wienhausen wurde im 13. Jahrhundert von Agnes von Meißen (1193–1266), einer Schwiegertochter von Heinrich dem Löwen, gegründet. Seitdem wird es ununterbrochen bewohnt: bis zur Reformation von Nonnen, heute von evangelischen Stiftsdamen. Es ist eins der sechs mittelalterlichen Klöster in der Heide, die mit ihren kostbaren Kunstschätzen zu den berühmtesten in Deutschland gehören.

Was für ein malerischer Ort, dieses Wienhausen, das früher Hugin hieß: nach einem der Raben auf Wotans Schulter. Kopfsteinpflaster, rotes Weinlaub und ein Cafégarten unter alten Bäumen. In dem Zisterzienserinnenkloster lebten einst Töchter des Adels. Sie mussten kein Gelübde ablegen, konnten das Kloster

Hin & weg: Mit dem Metronom nach Eschede. Von dort mit dem Fahrrad nach Celle. Von Celle zurück nach Eschede mit dem Metronom (Richtung Uelzen).

Beste Zeit: Sommer, Herbst.

Dauer & Strecke: Ganzer Tag (Führung durchs Kloster Wienhausen: 90 Min.), 38 km.

Ausrüstung: Fahrrad (Rennrad nicht geeignet), ausreichend Proviant und Getränke.

Abwechslungsreicher kann ein Tag Pilgern nicht sein: durch Wälder und Felder nach Wienhausen. Dort blühen Stauden – und steht das berühmte Kloster.

wieder verlassen, wenn sie heiraten wollten, lernten Lesen, Schreiben, Latein und Mathematik. Entsprechend selbstbewusst waren sie. Als August der Bekenner ihnen den protestantischen Glauben verordnen wollte, weigerten sie sich. Er griff zu drakonischen Maßnahmen – und brannte zwei Flügel des Klosters ab.

700 Jahre alte Holzdielen liegen immer noch auf dem Boden des Nonnenchors. Der Saal ist so beeindruckend, dass Besucher oft erst mal still sind. Die Malereien zählen zu den schönsten dieser Art in einem Kloster nördlich der Alpen: Die Bilder von Meistern der Braunschweiger Schule erzählen die großen biblischen Geschichten.

Die landschaftlich schönste Strecke der Tour führt weiter durch die Allerwiesen, der Fluss mäandert durch sanftes Grün. Einzig die stark befahrene Landstraße ist mit Vorsicht zu überqueren. Auf der anderen Seite erlebt man ein Idyll. Bäume und Wolken spiegeln sich in der Aller. Gegen Nachmittag taucht die Sonne dann alles in warmes Licht. Oft ziehen abends noch gut gelaunte Ruderer vorbei. Auf einer der Bänke am Ufer lässt es sich flussträumen, bis die Sonne untergeht – oder der Zug von Celle zurück nach Eschede fährt.

Die Aller kurz vor Celle. So einen Fluss vor der Tür zu haben, wissen nicht nur Ruderer zu schätzen.

FAZIT: PILGERN IN DER HEIDE: DAS HEISST ZUR RUHE KOMMEN, AN WALDRÄNDERN UND ALLER RASTEN, SICH VON NATUR UND KLOSTERKUNST INSPIRIEREN LASSEN.

3. KAPITEL
MINIURLAUB

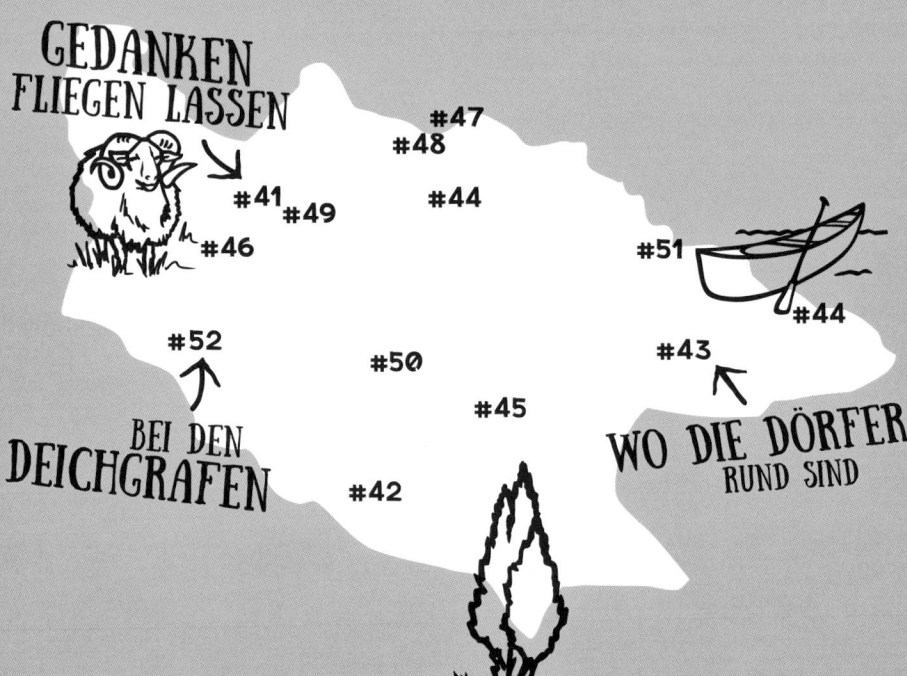

GEDANKEN
FLIEGEN LASSEN

#47
#48

#41 #49
#44

#46

#51
#44

#52
#50

#43

#45

BEI DEN
DEICHGRAFEN

#42

WO DIE DÖRFER
RUND SIND

Ferien für ein Wochenende

Kanu fahren in den Sonnenuntergang hinein. Im lila Heidemeer wandern. In idyllischen Dörfern übernachten – ganz weit weg von der Welt. Erholung kann so einfach sein!

36 H

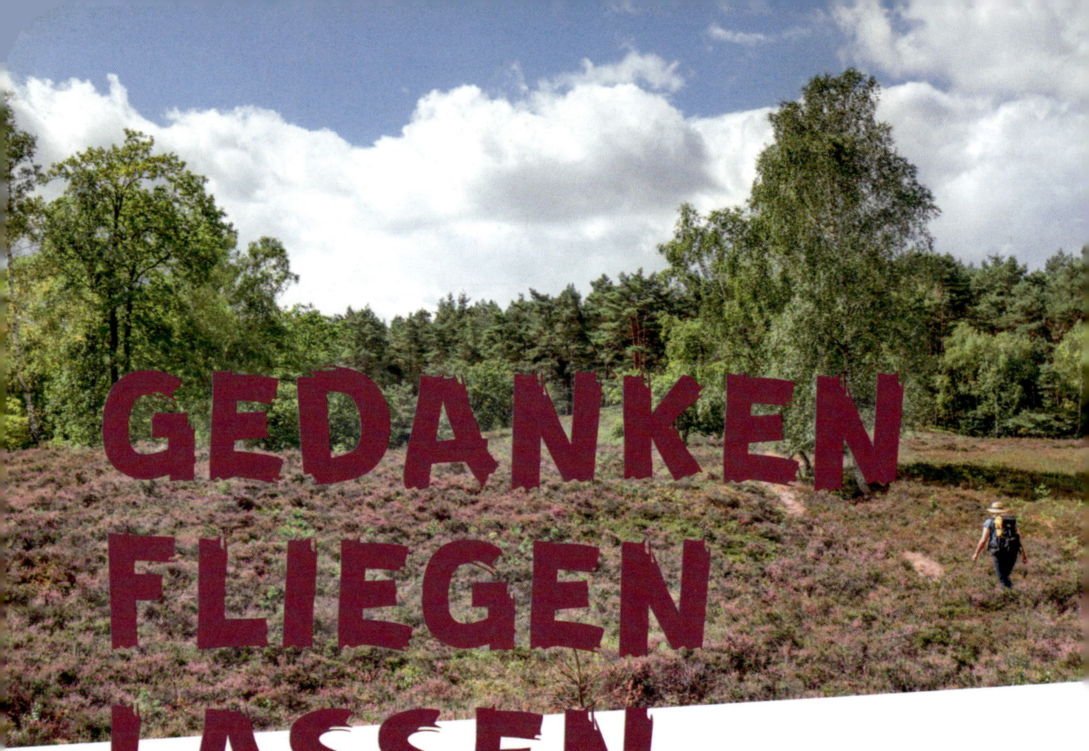

GEDANKEN FLIEGEN LASSEN

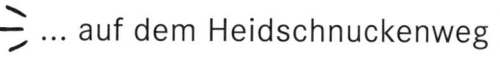

... auf dem Heidschnuckenweg

#41

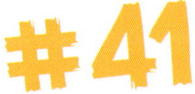

Hoher Himmel, weites Land. Auf einem besonders schönen Teilstück des 235 Kilometer langen Heidschnuckenwegs wandert man von Wesel nach Behringen ins Herz der Lüneburger Heide. Im August und September eine lila Pracht, aber auch zu jeder anderen Jahreszeit sensationell.

#WollknäuelaufvierBeinen #IloveHeide #derWegistdasschöneZiel #Lieblingsfarbe

Sympathische Wollknäuel auf vier Beinen, aber ihre Wolle ist leider nicht mehr viel wert.

Zwei Tage wunderbare Weltflucht warten auf den Heidewanderer. Los geht's in Wesel, einem kleinen Dorf am nördlichen Rand des Naturschutzgebiets Lüneburger Heide. Ein weißes »H« auf schwarzem Grund weist für die nächsten zwei Tage den Weg. Der Heidschnuckenweg führt zunächst zu den Weseler Bachteichen, wo es im August bereits pink am Ufer blitzt. Die erste Heide im Jahr lockt Bienen an – und Wanderer, die sie entzückt aus der Nähe betrachten. Man hält sich rechts Richtung Undeloh, taucht in die Weseler Heide ein, diese einmalige vor Tausenden von Jahren durch Gletscher geformte Landschaftsform. Es ist vor allem die Weite, die so guttut. Wer seinen Blick schweifen lässt, kann

175

In Wilsede sind die Hühner glücklich und die Menschen auch: Der Ort ist autofrei, nur Anwohner dürfen mit Sondergenehmigung fahren.

die Gedanken fliegen lassen. Die Besenheide fängt grad an zu blühen, färbt sich vom Braungrün ins Lilarosa.

In Undeloh steht am Ortseingang die Kirche St. Magdalenen, erstmals vor 800 Jahren erwähnt. Wie viele der alten Heidekirchen hat sie einen separaten Turm aus Holz. Hinter dem Heideerlebniszentrum zweigt links ein kleiner Weg ab, eine Alternativroute durchs Radenbachtal (gelbes »H« auf schwarzem Grund). Überall leuchten lilafarbene Heideinseln.

Wilsede, ein mögliches – sehr idyllisches – Übernachtungsziel, ist nur zu Fuß, per Rad oder auf dem Pferd zu erreichen (nur die Anwohner dürfen mit dem Auto rein). Überall Obstgärten, alte Höfe, glückliche Hühner. Es braucht nicht viel Fantasie, um sich vorzu-

stellen, wie die Menschen hier abgeschieden noch bis ins 20. Jahrhundert hinein von der Landwirtschaft lebten. Ihr Herzstück waren die genügsamen Heidschnucken, die Wolle, Fleisch und Mist gaben, und heute in der Landschaftspflege eingesetzt werden. Glücklich, wer sie auf seiner Wanderung trifft. Man weiß nie genau, wo sie gerade entlangziehen.

Am nächsten Morgen geht's auf den Wilseder Berg, mit 169 Metern die höchste Erhebung der Gegend. Man blickt weit über Glocken- und Besenheide, Richtung Norden über Wälder. Die Wolken malen Muster in den Himmel, der Weg schlängelt sich Richtung Behringen (Ortsteil von Bispingen) bergab durchs romantische Heidetal. In Niederhaverbeck überquert man die Hauptstraße und wandert Richtung Tütsberg (gelbes »H«) wieder in die Heide hinein. Sie verschluckt einen schnell mit ihren Gold-, Rosa-, Brauntönen, ihrer Stille. Und wenn es plötzlich doch nicht mehr so ruhig ist – stattdessen ein Rascheln, Zupfen, Mähen, dann ist sie es: die langersehnte Heidschnuckenherde. Oft sind es mehrere Hundert Tiere, dazu ein, zwei Hunde. Es geht etwas Beruhigendes von der Herde aus, auch wenn es alles andere als ruhig ist. So viele Mäuler, die Gras und Büsche rupfen, erzeugen ein ganz eigenes schönes Heidegeräusch. Ein paar Tage mitziehen, das wär's! Stattdessen wandert man verträumt weiter, via Tütsberg nach Behringen. Die Wanderung aber klingt noch den ganzen Sommer nach.

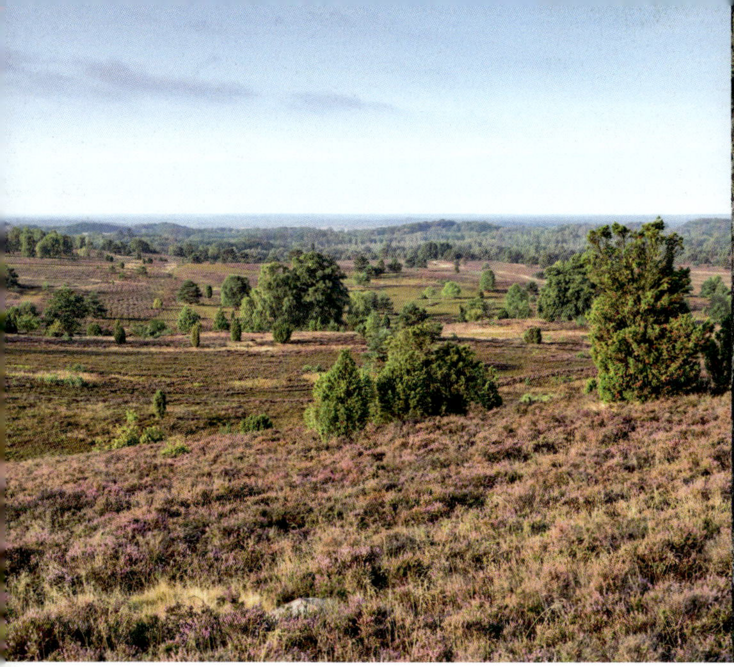

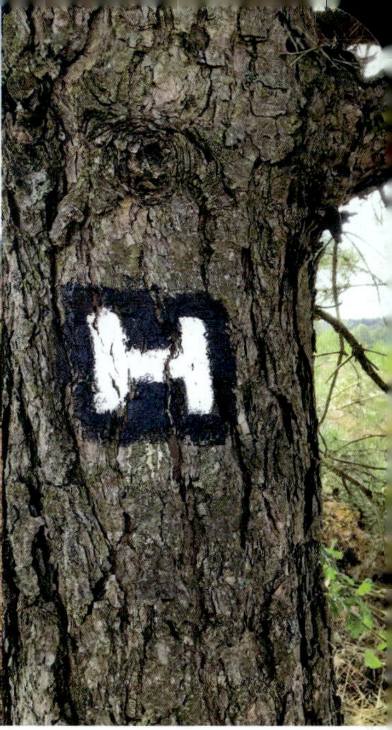

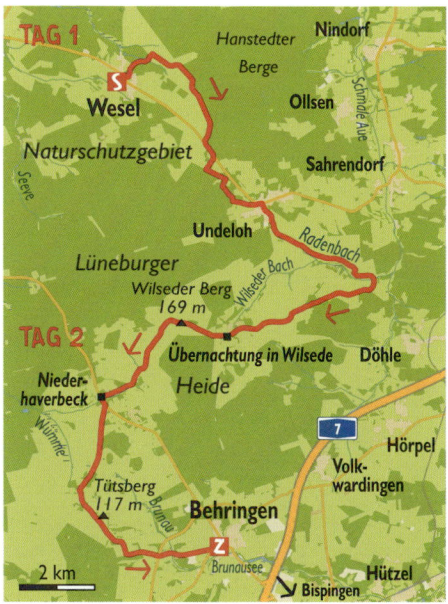

Der Heidschnuckenweg führt am zweiten Tag über den Wilseder Berg. Der höchste Berg der Heide ist nicht gerade hochalpin, der Blick aber trotzdem gigantisch.

FAZIT: FARBEN, STILLE, WEITE UND EINE HEIDSCHNUCKENHERDE: SCHÖNER KANN HEIDEWANDERN NICHT SEIN.

Hin & weg: Anfang- und Endpunkt sind mit dem Heide-Shuttle zu erreichen. Alternativ mit dem Auto nach Wesel; zurück mit dem Heide-Shuttle von Behringen. Wer die Tour auf einen Tag verkürzen will, steigt schon in Döhle in den Heide-Shuttle.

Beste Zeit: Heideblüte im August/September; aber auch zu jeder anderen Jahreszeit toll.

Dauer & Strecke: 2 Tage, pro Tag ca. 18 km (5–6 Std mit Pausen).

Ausrüstung: Möglichst wenig Gepäck; Proviant, genügend Wasser; im Sommer Sonnencap und -creme.

Wenn es Nacht wird: Gasthaus zum Heidemuseum in Wilsede (www.zum-heidemuseum.eu).

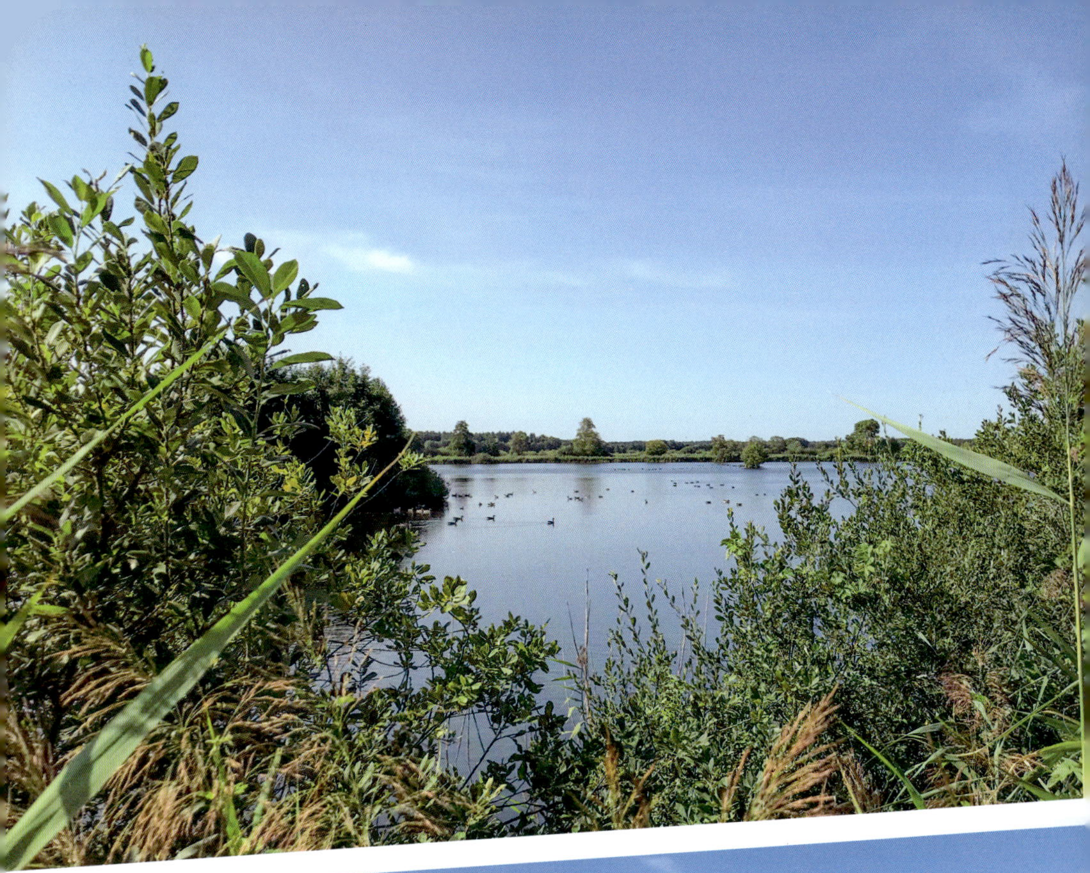

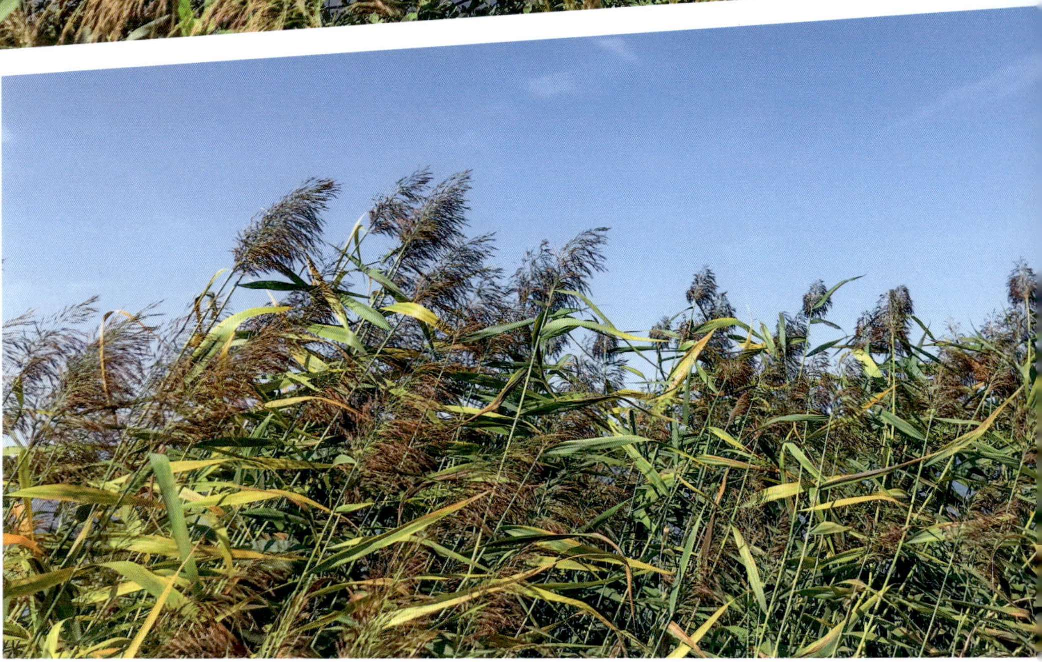

ENTEN-KONZERT

… an den Meißendorfer Teichen

#42

Der Name ist irreführend, denn hinter den Teichen verbergen sich große Seen mit einer atemberaubenden Vogelwelt. Ein Rundweg führt zum Birdwatching um den Hüttensee, ein anderer durch Wald und Wiesen, teils an der Meiße entlang. Und danach: Sandstrand und Schwimmen im Badesee am Campingpark.

#Seenplatte #Haubentaucher #Sonnenbrille #BeachLife

Klug gemanagt müssen Naturschutz und Baden kein Widerspruch sein. Zum Schwimmen gibt's einen kleinen See am Campingplatz.

angesiedelt. Man staunt über die Vielfalt auf dem Wasser und wünscht sich ein Vogelbestimmungsbuch.

Aber auch *in* den Seen tummelt sich einiges: Hecht, Rotfeder, Brasse, was für ein Schmaus für Kranich, Fisch- und Seeadler. Am Südufer des Hüttensees steht ein Aussichtsturm, der Blick ist sensationell. Spätestens hier wird das Fernglas aus dem Rucksack gekramt. Besser, man trägt es gleich um den Hals.

Der Plan für den nächsten Tag? Ein anderer Rundweg führt am kleinen Flüsschen Meiße entlang. Man startet am Gut Sunder, das dem

Das Vogelparadies beginnt gleich hinterm Campingplatz, Kiebitze zwitschern im Wald um die Wette, von den Seen hört man die Rufe der Wasservögel. Ein Grasweg führt am 45 Hektar großen Hüttensee entlang. Mecklenburger Seenplatte? Nein, Lüneburger Heide, die Überraschung ist perfekt. Der See linker Hand mit seinen kleinen Inseln steht komplett unter Naturschutz, hier haben die Vögel alles für sich. Die Schnatterente macht ihrem Namen alle Ehre, aber auch Knäkenten, Kolbenenten, Haubentaucher, Graugänse, Lachmöwen – und wie die über 130 Vogelarten, die es hier gibt, alle so heißen – geben ihren Kommentar dazu ab. Ein grandioses Konzert. Und ganz ohne Pause.

Das dichte Schilf raschelt im Wind, weiße, gelbe, rosa Kleckse leuchten zwischen dem Grün hervor. Am Himmel kreisen manchmal Raubvögel. Auch Otter haben sich hier wieder

Hin & weg: Mit der Bahn nach Celle und Bus 900 nach Winsen/Aller; von dort mit Bus BB 901 nach Meißendorf-Hüttenseepark. Oder mit dem Auto.

Beste Zeit: Immer schön; außerhalb der Sommerferien ruhig.

Dauer & Strecke: Jeweils 2–3 Stunden: Hüttensee-Rundweg 4,6 km, Meiße-Rundweg 4 km; bei beiden: viel Zeit zum Vögelgucken.

Ausrüstung: Fernglas, Vogelbestimmungsbuch, Entenlockpfeife, Badesachen, ggf. Surfboard.

Wenn es Nacht wird: Campingplatz Hüttensee (www.campingpark-huettensee.de; hier kann man Zelte, Camper und Hütten auch mieten). Oder Hotel & Café Herrnhaus Gut Sunder, mit Cafégarten unter einer alten Linde (Tel. 05056 9710057).

Auf dem Hüttensee dürfen Menschen segeln, aber nicht schwimmen und auch nicht auf den Inseln anlanden. Wer um den See wandert, kann mit Glück nicht nur Vögel, sondern auch Schmetterlinge beobachten.

NABU gehört, wandert durch Wald, hört das Gurgeln des Bachs, dann geht's durch Wiesen. Grillen zirpen, Schmetterlinge flattern zu den Blumen am Wegrand: Landkärtchen, Tagpfauenauge, kleiner Fuchs. Durch ein kleines Gehölz mit roten Beeren schickt die Sonne ihre Strahlen.

Ab und zu zeigt sich die Meiße, die auf einem Teilstück renaturiert durch die Aue fließt. Viele Pflanzen und Tiere sind seither zurückgekehrt: der Wachtelkönig ist einer davon. Wieder im Wald zaubert die Sonne Schattenspiele auf die Bäume. Und dann kommt das Beste: Zwei kleine Arme der Meiße fließen zusammen, über einen Mini-Wasserfall führt ein Holzsteg. Kurzes Nachdenken, dann Schuhe weg, Strümpfe aus, auf den Steg gesetzt und die Füße in den kleinen Whirlpool gestreckt. So einfach kann Wellness sein.

FAZIT: BEEINDRUCKENDES VOGEL- UND NATURSCHUTZGEBIET: WANDERN, BIRDWATCHING, DANN AUF ZUM BADEN!

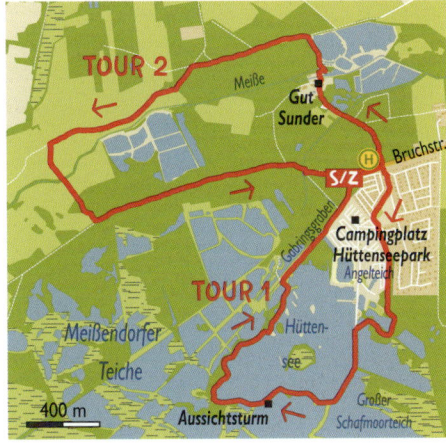

WO DIE DÖRFER RUND SIND

⋛ ... Radeln durchs Wendland ⋚

#43

Eine Fahrradtour durch die Rundlingsdörfer im Wendland ist wie eine Reise in eine andere Welt. Man radelt auf kleinen Sträßchen durch einmalige Fachwerkdörfer, die um ovale Dorfplätze angeordnet sind. Hier stehen Bänke unter Bäumen, man blinzelt in die Wolken und fühlt sich geborgen.

#türkis&weiß #schönsteDörferderWelt #abendsamKamin

Als die Germanen das Wendland verließen, kamen die Slawen – und brachten ihre Siedlungsform gleich mit: Rundlingsdörfer. Dicht an dicht stehen die wunderschönen Fachwerkhöfe, die Giebelseite mit der Dielentür zum Dorfplatz gerichtet. Hier lebte man noch im 19. Jahrhundert mit seinem Vieh unter einem Dach. Aber was war der Sinn dieser besonderen Dorfarchitektur? Ein Kult? Oder Schutz gegen Eindringlinge? Man weiß es bis heute nicht genau.

Routen für eine Tour durch die Rundlingsdörfer gibt es viele im Wendland, denn nirgendwo sonst sind auf so kleinem Raum so viele dieser sehenswerten Ortschaften verteilt. Fahrradtouren lassen sich daher gut auf zwei oder mehrere Tage verteilen, dann bleibt genug Zeit, Rast zu machen, mit den Menschen zu plauschen, die man unterwegs trifft. Es kann schon mal passieren, dass auf einem der runden Plätze eine fröhliche Runde tagt und einem spontan ein Glas Sekt angeboten wird. Sie erzählen dann vielleicht von Erntedank und dem Posaunenchor und beschreiben einem den Weg zum nächsten Dorf. Ein guter Startpunkt ist Lübeln.

Fachwerk, Farben, Inschriften und vor manchen Häusern Kastanienbäume: Kein Dorf ist wie das andere.

Ein spannendes Museum informiert über die Geschichte der Dörfer (www.rundlingsmuseum.de). Über wendländische Trachten (verheiratete Frauen trugen zum Beispiel rote Kappen). Über Stellmacher, die Holzräder bauten. Darüber, wie die Menschen einst in ihren Häusern lebten. Vielleicht etwas für morgen? Heute heißt es erst mal in die Pedale treten!

Von Lübeln radelt man nach Satemin – eins der schönsten Rundlingsdörfer. Die Fachwerk- und Farbenpracht um das Dorfrund ist märchenhaft. Blaue Tore leuchten aus roten Häusern. Türkise Fensterrahmen heben sich von weißen Mauern und braunen Balken ab. Inschriften über den Dielentüren erzählen von der großen Feuersbrunst, die 1850 fast alle Häuser vernichtet hat. In einem Kraftakt wurde Satemin danach wieder aufgebaut. Nach elf Wochen standen bereits 16 Häuser wieder.

In Schreyahn, dem nächsten Ort der Tour, steht ein bekannter Künstlerhof, und wer zufällig Ende November in der Region ist, findet in Köhlen am Wochenende einen kleinen Weihnachtsmarkt. Danach führt der Weg nach Kremlin, bevor es über Jabel wieder zurück nach Satemin geht, an Knicks und einer Weidenallee entlang – ein Dorf schöner als das andere.

Das letzte Stück zurück nach Lübeln fährt sich schnell. Im urigen Kartoffelhotel brennt vielleicht schon der Kamin. Und morgen, ja morgen, geht's gleich wieder los. Für alle Rundlingsdörfer im Wendland reicht ein Wochenende kaum.

> **FAZIT: DURCH DIE RUNDEN DÖRFER RADELN, ÜBER FACHWERKKUNST STAUNEN, AUF BAUM-BÄNKEN RASTEN – UND VOM ZWEITWOHNSITZ TRÄUMEN. DAS IST WENDLAND.**

Hin & weg: Am besten mit dem Auto, denn der nächste Bahnhof ist Salzwedel (von dort mit dem Fahrrad 20 km nach Lübeln oder mit Bus 8040 oder Rufbus nach Lüchow und von dort per Rad weiter nach Lübeln oder Satemin).

Beste Zeit: Frühling–Herbst; das Wendland ist aber auch im Winter sehr stimmungsvoll (dann vielleicht besser ohne Rad).

Dauer & Strecke: 2 Tage (am liebsten aber länger). Für die Tour (22,5 km) 2–3 Std. oder sogar einen ganzen Tag einplanen. Am nächsten Tag geht's der Nase nach los.

Wenn es Nacht wird: Urgemütlich ist das erste deutsche Kartoffelhotel (www.kartoffel-hotel.de); das Hotel, Café und Restaurant Markthof Satemin (www.markthof-satemin.de) ist ein liebevoll restaurierter Fachwerkhof von 1850 mitten im Rundlingsdorf.

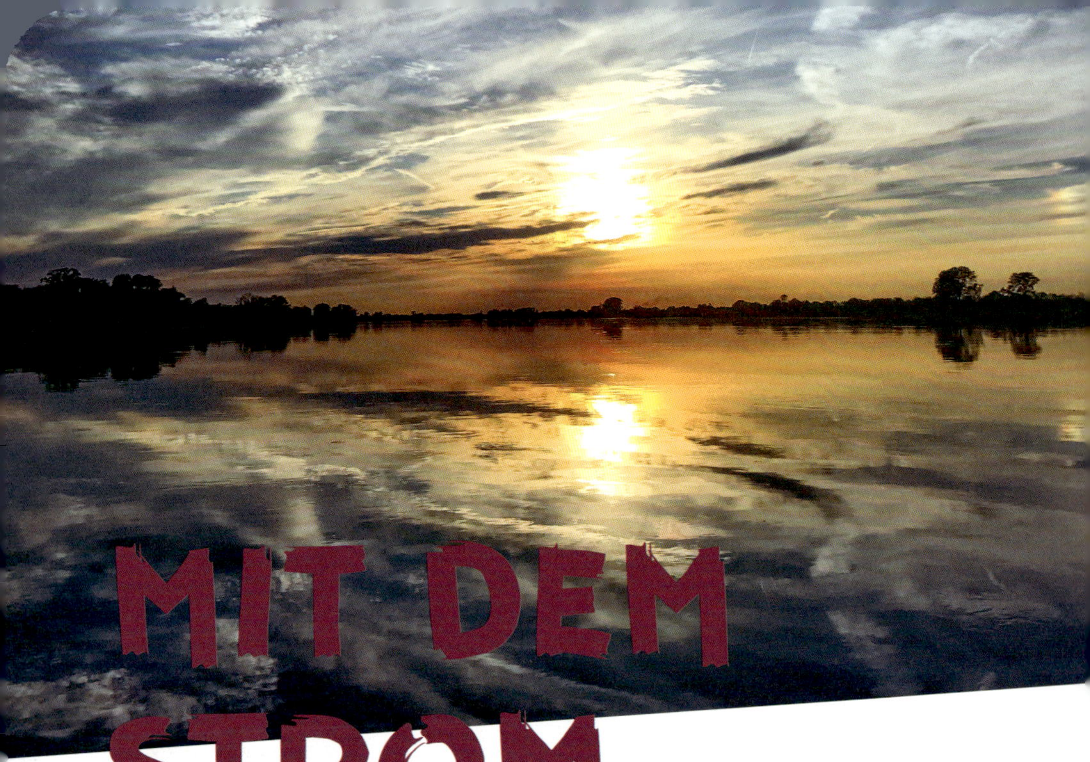

MIT DEM STROM

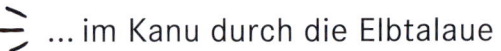

... im Kanu durch die Elbtalaue

#44

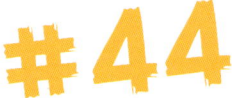

Elbeland, Traumland. Bei Schnackenburg, ganz am östlichen Rand von Niedersachsen, wartet auf Kanuten ein unfassbar schönes Flusserlebnis. Seeadler, Sandbank und Sonnenuntergang inklusive. Auch viele Wander- und Radwege gehen dort los, mit Elbblick.

#Artenvielfalt #SonneküsstElbe #eintauchendurchziehenPause

Paddeln an einem windstillen Tag ist eher gemütlich. So gleitet man dahin.

Gemächlich strömt der große Fluss durch seine Aue. In der Sonne sieht er gutmütig aus, aber je nach Wasserstand kann es Untiefen, unberechenbare Strömungen und Schiffsverkehr geben. Wer auf der Elbe paddelt, sollte sein Boot beherrschen. Mit einem Rundum-Sorglos-Paket geht man auf Nummer sicher: Bei einer geführten Kanutour treffen sich die Teilnehmer am Marktplatz in Schnackenburg. Hier steht ein Grenzlandmuseum, das all das erzählt, was die Elbe nicht erzählen kann (www.grenzland-museum-schnackenburg.de).

Vor der Tür erinnert eine Tafel an die 26 mutigen Menschen, die beim Versuch, über die Elbe aus der DDR zu fliehen, im Kreis Lüchow-Dannenberg ihr Leben verloren haben. 26 unfassbare Schicksale.

Ein Bus des Veranstalters fährt die Kanutruppe ins 20 Minuten entfernte Storchendorf Wahrenberg. Die Vier-Länder-Kanutour (Sachsen-Anhalt, Niedersachsen, Brandenburg, Mecklenburg-Vorpommern) findet jährlich um den 3. Oktober statt (er bietet aber auch jede Men-

Für solche Sonnenuntergänge am Fluss muss man nicht nach Kanada. Wer ein Wochenende auf der Elbe Kanu fährt, tankt Natur für ein ganzes Jahr. Aber auch schon ein Tagesausflug ist eindrucksvoll.

ge andere Touren an). Man bekommt Paddel, Schwimmweste und eine kurze Einweisung (alles sehr einfach, auch für Kinder geeignet). Die Boote sind kentersicher und durch eingebauten Schwimmkörper unsinkbar. Neun Menschen passen in einen Wanderkanadier, unterwegs in einer der schönsten naturbelassenen Flusslandschaften Europas. Im Vierländereck zwischen Wittenberge und Hitzacker liegt die Kernzone des Biosphärenreservats. Regelmäßig überflutete Feuchtwiesen, Urwälder, Schilfwiesen und kleine Zuflüsse wie Aland, Alte Elbe und Seege bieten 1300 Pflanzen- und 100 Tierarten Lebensraum. Hier hat die Elbe

Picknick auf der Sandbank. Unten: Niedersachsen lieben ihre Türen. Auf einem Spaziergang durch Schnackenburg kann man sie bewundern.

wieder Platz zum Atmen. Denn je mehr sie in ein enges Flussbett gezwängt ist, desto größer ist bei Hochwasser die Gefahr, dass ihr »der Kragen platzt«. Seeadler und Graureiher zeigen sich mit Glück bald, Scharen von schnatternden Graugänsen oder ein Schwarm Kiebitze mit ihren hellen Stimmen – schöne Paddelbegleitmusik. Die Elbe mäandert in großen Bögen. Irgendeiner taucht immer sein Paddel ins Wasser, sodass man sein eigenes zwischendurch mal über die Knie legen kann. Nach der Hälfte der Strecke wird Pause gemacht und ein Klapptisch an einem Sandstrand aufgestellt. Mit Kaffee und Dinkel-Apfelkuchen mit Schlagsahne einfach ein Traum!

Langsam senkt sich die Dämmerung über den Fluss. Fledermäuse schwirren über den Köpfen. Am Ufer stehen mitunter Kraniche, die sich für ihre Herbsttänze sammeln. Untergehende Sonne und die angeleuchteten Wolken spiegeln sich in der Elbe. Dann wird es andächtig still im Kanu. Kurz vor Schnackenburg freut man sich schon auf morgen: Dann geht es ca. 40 Kilometer weiter. Richtung Hitzacker.

Tipp: Wer nur an einem Tag aufs Wasser möchte, kann am anderen Tag wandern, Fahrrad fahren oder im Gartower See baden. Die Elbe selbst ist mit ihren unberechenbaren Strömungen kein Badefluss (man sollte auf keinen Fall auf die Idee kommen, ans andere Ufer zu schwimmen)!

FAZIT: EINFACH NUR STAUNEN ÜBER DIE WEITE, DIE VÖGEL, DEN STROM.

Hin & weg: Mit dem Auto nach Schnackenburg; für den Rest sorgt der Veranstalter (www.kanustation-gartow.de). Wer mit dem eigenen Kanu unterwegs ist, stellt am besten am Zielort ein zweites Auto ab.

Beste Zeit: Mai–Oktober bei gutem Wetter.

Dauer & Strecke: Vier-Länder-Kanutour von Wahrenberg nach Schnackenburg 17 km, 3–4 Std. (mit Pause). Für die 2-Tagestour fährt man am 1. Tag weiter bis Vietze. Von dort nach Hitzacker sind es dann am 2. Tag noch 40 km, ca. 8 Std. (Das ist ehrgeizig, aber der Kanuverleih kann einen auch schon vorher abholen, oder man streckt die Tour auf 3 Tage).

Ausrüstung: Kajak oder Kanu, Fernglas, Proviant, möglichst wenig Gepäck, Regensachen; im Sommer Mückenschutz, im Herbst für abends eine dicke Jacke.

Wenn es Nacht wird: Hütten-Hotel Elbhöhe in Vietze mit kleinem Restaurant (www.huetten-hotel.de). Zelten ist dort auch möglich. Ebenfalls empfehlenswert: Kastanienhof (www.kastanienhof-vietze.de).

GRUß AN DIE NORDSEE

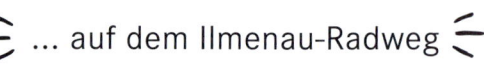 ... auf dem Ilmenau-Radweg

 Lüneburgs Salzhandel wäre ohne die Ilmenau nicht denkbar gewesen. Die Radtour an dem geschichtsträchtigen Fluss beginnt in Bad Bodenteich, führt an Deichen entlang, durch Marschland und Auen, nette Dörfer und die Altstadt von Lüneburg. Nach 120 Kilometern erreicht man die Elbe.

#Storchenland #sattegrüneMarsch #abendsamStint #einHauchvonSeeluft

An Lüneburgs Stintmarkt ist die Kneipendichte enorm. Belohnung nach dem ersten Tag.

Fahrrad auf blauer Welle, die Ilmenau-Radweg-Schilder weisen bei dieser Tour ab Bad Bodenteich den Weg. Auf den Feldern wachsen Kartoffeln und in netten Dörfern wie Kucksdorf leben Schleiereulen in alten Scheunen. Am Elbe-Seitenkanal weitet sich der Blick bis zum Horizont.

Die Wasserstraße verbindet auf 115 Kilometern Mittellandkanal und Elbe. Am Kanal kann man ordentlich Strecke machen oder sich auf die Uferböschung setzen, den Frachtern und Schwalben hinterherschauen, picknicken. Sonnenblumenwiesen grüßen mit gelben Köpfen, und in Niendorf II sehen wir endlich das erste Mal die Ilmenau. Schmal ist sie hier noch, fließt an einer Wiese vorbei, auf der ein Apfelbaum steht. In Uelzen lohnt sich ein Stopp am Hundertwasser-Bahnhof, in Bad Bevensen eine Rast im Café mit Blick auf den Fluss. Das Kloster Medingen, eins der sechs Heideklöster aus dem Mittelalter, steht nicht zufällig an der Ilmenau. Man brauchte früher das Wasser für die Klosterwirtschaft – und zum Bierbrauen. Vor Lüneburg geht es durch die Ilmenauauen. Was für ein Geschenk für eine Stadt, so einen Schatz vor den Toren zu haben. Im Ilmenautal mit seinen Nebenbächen wechseln sich Feuchtwälder und Wiesen ab, leben Eisvögel und wächst der Bachnel-

kenwurz. Wer noch Energie hat, kann sich in Lüneburg die Altstadt ansehen. Oder lockt doch eher ein Sonnenplatz am Stint?

Der historische Treidelpfad an der Ilmenau führt am nächsten Tag aus Lüneburg raus (treideln nannte man das Ziehen der Schiffe vom Land aus). Bardowick war im 8. Jahrhundert ein wichtiger Ort für die Handelsschifffahrt. Bis in die 1960er-Jahre wurden auf dem kleinen Fluss noch Gemüse und Holz nach Hamburg transportiert.

Die Elbmarsch wurde jahrhundertelang regelmäßig überschwemmt, bevor die Bewohner im 19. Jahrhundert anfingen, das Wasser mit dem Ilmenaukanal zu bändigen. Bis heute ist es eine Herausforderung, die richtige Balance zwischen Landwirtschaft und Naturschutz zu

finden. Ein Hauch von Meer liegt in der Luft, die Elbe ist schließlich nicht mehr weit. Ilmenau- und Neetzekanal, Altarme der Ilmenau, kleine

---

Hin & weg: Mit Metronom und Erixx nach Bad Bodenteich (z. B. von Winsen/Luhe oder Lüneburg); von Hoopte an der Elbe zurück zum Winsener Bahnhof sind es ca. 5 km.

Beste Zeit: Sommer, Herbst.

Dauer & Strecke: 2–3 Tage; ca. 14 Std. Fahrtzeit für insgesamt 120 km.

Ausrüstung: Fahrrad mit Gepäckträger, Regensachen, Sonnenschutz, Proviant und Getränke.

Wenn es Nacht wird: Entlang der Strecke gibt es jede Menge Bed & Bikes und Campingplätze (z. B. Campingplatz Melbeck direkt an der Ilmenau, www.dieoutdoorschmiede.de); das Bed and Breakfast Dartenne (www.dartenne.com) in der Lüneburger Altstadt mit nostalgischem Flair.

Sonnenblumenfelder, historische Wehre und Deiche mit Schafs-Gegenverkehr: Auf dem Ilmenau-Radweg ändert sich die Landschaft jede Viertelstunde. Der zweite Tag ist sogar noch schöner als der erste.

Seen, Gräben und Bäche. Wasser ist hier das vorherrschende Element. Schilf raschelt im Wind, ein Paradies für Vögel, Frösche, Libellen. Ist das friedlich hier! Oldershausen, Fahrenholz: Hier stehen alte Höfe, ziehen Schafe am Deich entlang, und in den Bauerngärten blühen rosa Rosen und Fette Henne. Storchennester thronen auf Dächern in Stöckte, und im Hafen auf dem Weg nach Hoopte warten Segelboote auf ihre Ausfahrt. Ja, und da ist sie – die Elbe. Für die Ilmenau geht's weiter mit der großen Schwester Richtung Nordsee.

FAZIT: FAST VON DER QUELLE BIS ZUR ELBE. ABWECHSLUNGSREICHER GEHT ES KAUM. AUCH WENN DIE ILMENAU NICHT IMMER IN SICHTWEITE IST.

KUNST TRIFFT NATUR

⋛ ... rund um Neuenkirchen ⋚

#46

Die Natur ist natürlich die beste Künstlerin, aber manchmal bekommt sie Hilfe von der bildenden Kunst. Gemeinsam schaffen sie dann großartige Inspirationen. Bei Neuenkirchen radelt man ein Wochenende lang auf den Spuren von Landschaftskunst durch Wald, Wiesen, Felder und Dörfer.

Kunst öffnet die Augen. Vorige Seite: das Blaue Haus von Horst Lerche; oben links: »ankommen« von Rupprecht Matthies; unten links: »Gegen-Steine« von HAWOLI; rechts: »D28« von Gabriela Albergaría.

Da steht ein himmelblaues Hausgerüst auf einer grünen Lichtung. Fachwerk, das von allen Seiten betreten werden kann. Durch das offene Gefache blickt man auf Wiese und Wald: Natur im blauen Bilderrahmen, wechselnde Perspektiven nach jeder Seite. Außerdem vielleicht: eine Anspielung auf die traditionelle Fachwerkarchitektur in der Umgebung. Wer weiß das schon so genau? Muss man als Betrachter aber auch gar nicht, denn geht es nicht bei aller Kunstbetrachtung vor allem darum, sich zu eigenen Gedanken und Gefühlen anregen zu lassen?

Genau so funktioniert die Kunstradtour des Springhornhofs in Neuenkirchen. In den 1970er-Jahren hatte die Galeristin Ruth Falazik aus Düsseldorf diese phänomenale Idee: Kunstwerke ausstellen in freier Natur. Und zwar nicht in einem überschaubaren Skulpturenpark, sondern verstreut über eine viel größere Fläche. Hier kann man Tage auf Kunstentdeckungsreise verbringen. Und zwischendurch picknicken am See. Diskutieren,

Manche Skulpturen sind gar nicht so einfach zu finden: »Holzkristall« von Tony Cragg.

überlegen, wie denn das jetzt gemeint sein könnte, ein riesiger runder Spiegel mitten in der Heide: Himmel spiegelt sich darin, jeden Tag anders. Oder die Steine. Jahrtausendealte Findlinge, von Gletschern in der letzten Eiszeit mitgebracht. Hier liegt ein moosbedeckter Koloss mitten im Wald und sieht so aus, als ob er wartet. Kunst in der Natur oder andersrum.

Auf 35 Kilometern stehen mehr als 40 bemerkenswerte Kunstwerke, manche regelrecht versteckt. Denn der Weg ist zwar mit dem Schriftzug »Der Nase nach« ausgeschildert, aber bis man rausgefunden hat, in welche Richtung das Schild weist, ist er schon halb rum (Tipp: der längere Teil des Schriftzugs zeigt die Richtung an). Im Lauf eines Sommers wachsen die Schilder manchmal zu, aber das Suchen, Sich-auch-mal-Verfahren und Entdecken – all das gehört zu diesem Konzept. Einen genauen Lageplan der Kunstwerke und der Route gibt es aber auch beim Kunstverein Springhornhof, von wo die Tour startet.

Am Hahnenbach und einer Mühle vorbei geht es an Weiden entlang, auf denen Kühe grasen. Das ist das ländliche Niedersachsen: bodenständig und irgendwie beruhigend. Internationale Künstler sorgen dafür, dass die Idylle nicht zu einlullend wird. Wer heute von der »Documenta in der Heide« spricht, meint das weniger mit einem Augenzwinkern als vielmehr mit Respekt.

Tipp: Auf dieser Rundtour sind viele Abkürzungen möglich. Sie kann daher gut in Etappen absolviert werden – auch zu Fuß.

FAZIT: ZWEI ODER MEHR TAGE KUNST AUF DEM RAD – UND MAN SIEHT DIE WELT MIT ANDEREN AUGEN.

Hin & weg: Mit dem Erixx nach Schneverdingen; von dort mit dem Heide-Shuttle nach Neuenkirchen-Schützenhalle.

Beste Zeit: Frühling–Herbst. Die Landschaftskunstwerke sind das ganze Jahr über frei zugänglich.

Dauer & Strecke: Reine Fahrzeit 5–6 Std., 36 km.

Ausrüstung: Fahrräder können am Springhornhof ausgeliehen werden; Lageplan und Route gibt's dort auch (ebenso auf www.springhornhof.de). Fahrradkorb oder Gepäcktaschen, Regensachen, man weiß ja nie.

Wenn es Nacht wird: Hof Wilkens (www.heide-urlaub-neuenkirchen.de) packt sogar Lunchpakete für die Tour. Wenn nicht von Künstlern belegt: das Atelier des Springhornhofs (info@sprinhornhof.de).

MEHR ALS 5 STERNE

... Zelten an der Elbe

#47

Wo hat man das schon: einen Camping-platz mit Blick auf den Fluss. Deckchairs auf einer Holzterrasse oberhalb der Elbe. Den Deich mit endlosem Fahrradweg vor der Tür. Fast schon Seeluft in der Nase, bei Ebbe den Sandstrand zu Füßen. Im Camping Land an der Elbe in Drage wer-den Campingträume wahr.

#Stockbrot #StrandSandStrand #Schiffegucken #Hamburgnichtweit

Barfuß über den Sand rennen und Fußabdrücke neben den Spuren der Möwen hinterlassen? Oder erst mal im Deckchair beim mitgebrachten Sundowner den Frachtern hinterherblicken, die vorübertuckern und kleine Wellen an den Strand spülen? Die Entscheidung fällt hier im Camping Land an der Elbe nicht leicht, aber dann geht's natürlich doch sofort zum Strand. Es ist hier Tide-Elbe, die Gezeiten machen sich deutlich bemerkbar. Bei Ebbe taucht ein großzügiger Sandstrand auf, von der Campingwiese gelangt man direkt hin. Kaum zu glauben! Muscheln und Federn liegen da. Welche Spuren gehören zu welchen Vögeln?

Die Strandzeit hängt von der Tide ab. Alles andere sucht man sich aus.

Alte Eichen stehen am Ufer, die Wurzeln wie große Tierkrallen im Sand fest verankert. Sie sind Reste der Stover Auwälder, von denen sich kleine Bestände auf der anderen Seite des Deichs erhalten haben. Hier bieten sie den Vögeln Schutz, die einen morgens mit ihrem Gezwitscher wecken. Die Elbe weitet den Blick, den Horizont. Gibt Raum, die Gedanken schweifen zu lassen, ans andere Ufer zu schauen, den Strom hoch, den Strom runter. Zum Meer ist es nicht mehr weit, die Elbe hat zwischen hier und ihrer Quelle im Riesengebirge in Tschechien schon mehr als 800 Kilometer hinter sich und viele Flüsse in sich aufgenommen.

Der Deich ist grün und zieht sich endlos Richtung Osten. Vielleicht sollte man morgen eine Radtour machen. Auf dem Deich entlang, was auf dem Gras etwas anstrengender ist. Aber der Blick ist fantastisch. Oder auf dem kleinen Asphaltsträßchen daneben. Da fährt es sich gut auch mit Inlineskates. Kleine Dörfer wie Artlenburg oder das Fachwerkstädtchen Lauenburg auf der anderen Elbseite sind nicht weit. Viele Wege führen auch in die Elbmarsch hinein, eine Wasser-Wiesen-Landschaft. Hier fließen Luhe und Ilmenau, die nicht weit von hier in die Elbe mündet.

Oder, ja oder, man bleibt nach dem Frühstück einfach am Stover Strand, spielt Beachvolleyball, geht am Strand spazieren, plantscht im Wasser und baut natürlich große Sandburgen – fast wie am Meer. Und abends wird Stockbrot gegrillt und man setzt sich doch noch in die Deckchairs, schaut auf die Elbe und wartet, bis die Sonne untergeht.

FAZIT: AM WOCHENENDE BEI HAMBURGERN SEHR BELIEBT, IST AM STOVER STRAND UNTER ALTEN EICHEN GENUG PLATZ FÜR ALLE.

Hin & weg: Mit dem Metronom nach Winsen/Luhe; von dort mit Bus 4405 nach Drage (Haltestelle Stove-Im Siek) oder mit der S 21 von Hamburg-Hbf nach Bergedorf und im Sommer von dort mit dem Elbe-Shuttle zur Haltestelle Stover Strand (www.erlebnis-elbe.de/elb-shuttle). Alternativ mit dem Auto nach Stove (Ortsteil von Drage).

Beste Zeit: Sommer; für Camping April–Oktober (außerhalb der Hauptsaison ist weniger los).

Dauer: Ein paar traumhafte Tage. Vielleicht auch ein paar mehr.

Ausrüstung: Volleyball, Inlineskates, Fahrrad, Badesachen, Zelt- und Campingausrüstung, Grillgut.

Wenn es Nacht wird: Camping Land an der Elbe in Drage (www.camping-land-online.de).

ELBEGLÜCK IM BLICK

 ... auf dem Elbe-Radweg

Links der Strom, rechts die Marsch, mit Glück bläst von hinten Rückenwind. Von Drage geht es auf dem Elbe-Radweg auf der niedersächsischen Seite bis Neu Darchau. Auf Kirchhöfen nisten Storchenpaare, in Sandbuchten streckt man die Füße ins Wasser. Und übernachtet wird hinterm Deich.

#Deichkrone #Reetdächer #bunteBojen #zwischendurcheinEis

Kleine Buchten. An einigen
Stellen kann man vom Deich vor
zur Elbe fahren.

Die Häuser lugen über den Deich, als ob sie ihre Hälse strecken. Ein Reetdach als Haube, die Fenster als Augen, was es dort nicht alles zu sehen gibt: die Elbe, hoffentlich friedlich in ihrem Bett. Als altes Haus kennt man sie auch anders – wenn sie der Deichkrone bedrohlich nahekommt. Der Elbe-Radweg führt von Cux-haven bis nach Prag, aber für ein Wochenende ist die Strecke von Drage nach Neu Darchau ein perfekter Einstieg. Der Deich ist grün, zieht sich weit Richtung Osten. Das Sträßchen daneben fährt sich allerdings leichter, und es gibt viele Gelegenheiten, um zwischendurch wieder auf den Deich zu strampeln. Es geht einem wie den Häusern. Man möchte wissen, was die Elbe gerade macht. Es ist ruhig hier, wie aus der Zeit gefallen. Auwälder, Schilf und Marschwiesen wechseln sich ab. In den Gärten der Backsteindörfer liegen Boote, die darauf warten, im Sommer ins Wasser gelas-sen zu werden. Es lohnt sich, Abstecher in die Dörfer hinterm Deich zu machen. In Art-lenburg steht eine sehenswerte alte Kirche. Eine Holzempore zieht sich an drei Seiten um den Kirchenraum, weiß und blau bemalt. Man entdeckt alte Buntglasscheiben in Fachwerk

Elbe blau, Himmel blau, dazwischen ein paar Farbkleckse auf Feldern und in den Dörfern.

eingepasst und ehemalige Backhäuschen. Sie wurden früher extra getrennt vom Haupthaus gebaut, damit nicht alles niederbrannte, wenn die Backstube mal Feuer fing.

Zwischendurch kann man vor an den Fluss fahren, in einer der kleinen Buchten Pause machen. Oder in Hohnstorf ein Eis essen, mit Elbblick natürlich.

Spätnachmittags wird man in einem Bed & Bike in Bleckede gastfreundlich empfangen. Von dort ist es am nächsten Tag nicht weit bis zum Biosphaerium Elbtalaue (www.biosphaerium.de). Und hier hat der Besucher dann die ganzen scheuen Wunder vor Augen, an denen er sonst vorbeiradelt: Biber, die sich je nach Glück und Tageszeit zeigen. In großen Aquarienlandschaften schwimmen unterschiedliche Fische der Elbe – sie ist der Fluss mit den meisten Fischarten in Europa: von winzigen Elritzen bis zu Zander und Aal. Eine Webcam zeigt Bilder aus einem nahen Storchennest.

Beim Weiterradeln sieht man die Elbtalaue noch mal mit anderen Augen: was für ein kostbarer Lebensraum! Man versteht, warum er geschützt ist und der Radler bis Neu Darchau nicht mehr vor an den Fluss kann. Vom Wald aus lassen sich aber wunderschöne Ausblicke über Auwälder und Wiesen genießen – und jetzt weiß man ja, wer da grad emsig seine Burgen baut.

FAZIT: STROMAUFWÄRTS DIE ELBE HINAUF, IMMER AM DEICH ENTLANG, DORTHIN, WO STÖRCHE DURCH DIE WIESEN STAKSEN.

Hin & weg: Mit dem Metronom nach Winsen/Luhe; von dort mit dem Rad 9 km nach Drage. In Neu Darchau mit der Fähre ans andere Elbufer und von dort zurückradeln (Seitenwechsel nicht vergessen!). Wichtig: Bei zu starkem Niedrigwasser fahren die offiziellen Fähren nicht. Autofahrer parken in Stove auf dem großen Parkplatz vor dem Camping Land an der Elbe.

Beste Zeit: Mai–September.

Dauer & Strecke: 2 Tage; ca. 30 km (4–5 Std.) radeln pro Tag (ohne Rückweg).

Ausrüstung: Gepäcktaschen mit möglichst wenig Gepäck, Proviant und genügend Wasser, evtl. Regenklamotten, Handtuch, Sonnenschutz; an der Elbe immer ein Fernglas, Kamera.

Wenn es Nacht wird: An der Strecke liegen viele Campingplätze und Bed & Bikes, z.B. www.rosenhaus-bleckede.de, Radlerherberge in der alten Schule in Neu Wendischthun: radlerherberge-elbtalaue.de, www.camping-gruenendeich.de

WELLNESS UNTER BÄUMEN

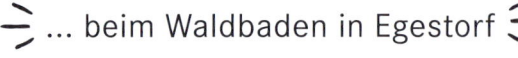 ... beim Waldbaden in Egestorf

 **#49**

Zugegeben, Barfußpark klingt nicht wirklich sexy. Waldbaden trifft die Atmosphäre des Ausflugs viel mehr. Aber letztlich geht es ja nicht darum, wie etwas heißt, sondern wie es sich anfühlt. Denn, ganz ehrlich, wann ist man das letzte Mal draußen barfuß gelaufen?

#KribbelnandenFüßen #dasKindindir #Waldaroma #mitBäumenbefreundet

Weg ins grüne Glück - und das ganz ohne Schuhe.

Ob großer oder kleiner Waldläufer: Auf nackten Sohlen fühlt jeder seine Füße viel intensiver, das ist klar. Aber man achtet auch mehr darauf, wo man hintritt, was man sieht, hört und riecht. Es klingt nicht unbedingt logisch, aber wer ohne Schuhe geht, bekommt auch gleich Lust, mit den Händen über Baumrinde zu streichen. Und so geht es im Barfußpark darum, den Wald mit allen Sinnen zu genießen – ganz wach. Man stakst durch Wasser wie ein Storch, Kneipp lässt grüßen. Streift über die verschiedensten Waldböden: mit und ohne Zapfen, Feldsteine und Holzschnitzel, über Zweige und einmal sogar über blaues Glas, das märchenhaft glitzert.

Immer wieder geht es durch batzigen Schlamm. Jeder, wirklich jeder, lacht, wenn er da hineintritt und es quatscht. Man fühlt sich wie als Kind, als es normal war, durch Morast zu patschen und auf Bäume zu klettern.

Auf Bäume klettern wir hier nicht, aber man kann sich in Hängematten legen und schwingend in die Baumwipfel blicken. Ganz simpel, aber ein beglückendes Gefühl. Am Wegrand warten klei-

ne Aufgaben – in Kästchen greifen und erfühlen, was drin ist. Eicheln lassen sich erraten, aber auf anderes kommt man erstaunlicherweise nicht so schnell. Das Tocken der Spechte. Mit Kopf im Nacken den klopfenden Vogel zu entdecken, ist gar nicht so einfach, aber mit Geduld kann es klappen, vielleicht zwei Bäume weiter, ziemlich weit oben. Der Wald öffnet sich auf eine Wiese, in deren Mitte eine große Eiche steht – mit Baumbank. Es gibt keinen schöneren Platz für eine Rast, außer man legt sich gleich ins Gras.

Überall locken Stämme zum Balancieren, auch etwas, das Kinder deutlich besser können als ihre Eltern. Ein Großteil des Weges führt durchs Naturschutzgebiet Lüneburger Heide. Man fängt an tiefer einzuatmen, fühlt, wie der Puls nach unten geht, glaubt sofort, dass regelmäßige Waldspaziergänge gut für die Gesundheit sind. Wem das noch nicht

reicht, der hat weitere Möglichkeiten: Qigong und Yoga werden hier in den Sommermonaten regelmäßig angeboten.

Die Sonne durch die Zweige spüren, das leise Rascheln der Blätter hören, sich dehnen, atmen, entspannen. Die Perspektiven im Wald verändern sich, vielleicht ist das der größte Spaß. Ein Blick in einen installierten großen Spiegel – und es leuchten einem grünblau Wipfel und Himmel entgegen. Ja, warum nicht öfter mal nach oben gucken?

Neben dem Barfußpark liegt ein Naturschwimmbad, sehr erfrischend. Nach den ersten zwei Bahnen fällt die spontane Entscheidung, den Aufenthalt aufs ganze Wochenende zu verlängern. Um durch den Heideort Egestorf mit seinen Cafés zu schlendern. Reetdachhäuser und die besonders

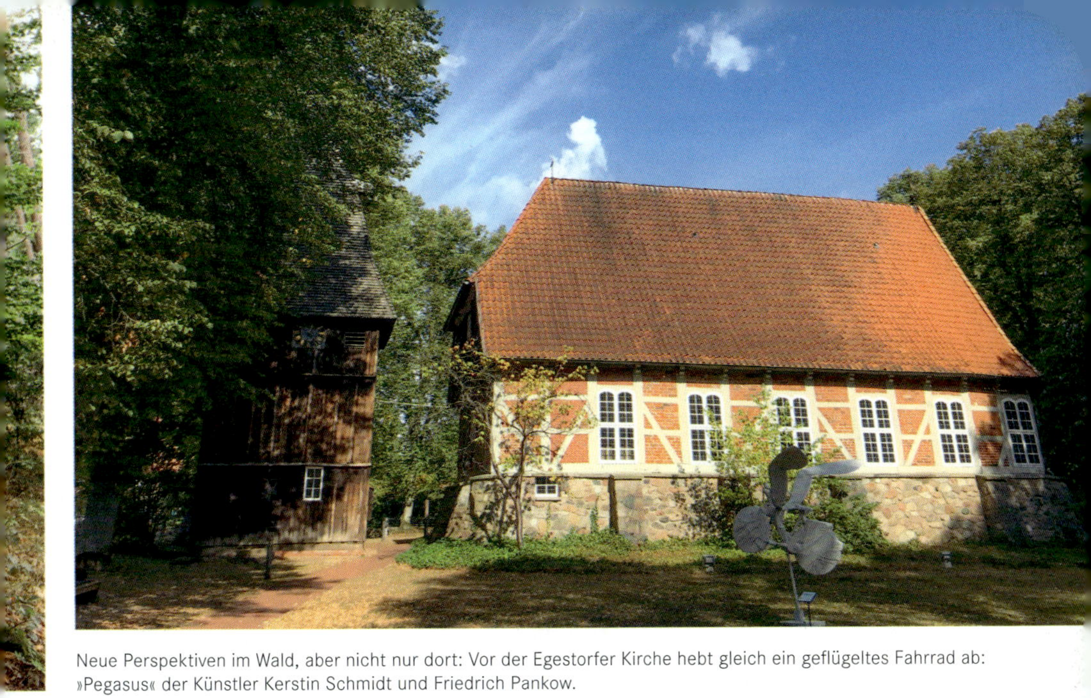

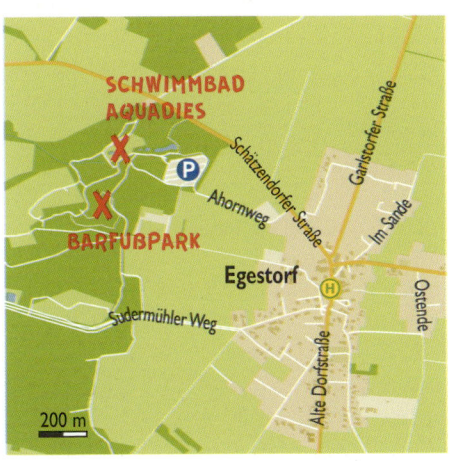

Neue Perspektiven im Wald, aber nicht nur dort: Vor der Egestorfer Kirche hebt gleich ein geflügeltes Fahrrad ab: »Pegasus« der Künstler Kerstin Schmidt und Friedrich Pankow.

schöne Kirche aus dem 17. Jahrhundert zu bewundern. Zu wandern oder zu radeln. Eines ist sicher: Die Füße werden noch eine ganze Weile auf äußerst angenehme Weise kribbeln.

FAZIT: PERFEKTER AUSGANGSPUNKT FÜR EINEN MINIURLAUB – JEDE MENGE RAD- UND WANDERWEGE STARTEN VON HIER.

Hin & weg: Mit Heide-Shuttle (ab Buchholz), Bus 4406 (ab Winsen) oder Heide-Radbus (ab Lüneburg) nach Egestorf. Von der Haltestelle sind es ca. 15 Gehminuten zum Barfußpark.

Beste Zeit: Sommer für Wald- und Schwimmbaden, ganzjährig für die Heide. Infos zum Barfußpark auf www.barfusspark-egestorf.de

Dauer: Ein Wochenende. Im Barfußpark: 2 Std. oder so lange es Spaß macht.

Ausrüstung: Handtuch und Schwimmsachen, Wanderschuhe oder Fahrrad. Kleines Wochenendgepäck.

Wenn es Nacht wird: Hof Sudermühlen liegt direkt am Naturschutzgebiet (www.hof-sudermuehlen.de). Gemütlich im Ort: Hotel Acht Linden mit Pub und Terrasse (www.hotel-acht-linden.de). Für Camper gibt's in der Nähe des Barfußparks Stellplätze.

WER HINTEN SITZT, LENKT

... auf der Örtze

Wasserwandern auf der Örtze hat seinen eigenen Zauber. Das Glucksen beim Eintauchen der Paddel, Blässhühner im Schilf – und mit ganz viel Glück zeigt sich ein Eisvogel. Durch Blättertunnel gleiten, zwischendurch am Ufer picknicken. Das geht zwei Stunden oder zwei Tage.

Paddeln im Zweierkajak ist erst mal eine lustige Herausforderung. Ganz sicher gibt es auf den ersten hundert Metern Diskussionen, wie man besser steuern sollte. Doch schon bald findet sich ein guter Rhythmus. Wer hinten sitzt, lenkt, und außerdem ist es nicht schlimm, wenn man mal das Ufer streift. Ist der Wasserpegel zu niedrig, dann ist die Örtze nur auf dem Abschnitt zwischen Baven und Oldendorf zum Paddeln freigegeben. Bei normalem Wasserstand kann man die knapp 40 Kilometer von Müden bis an die Aller an zwei Tagen befahren. Die Örtze gilt als der naturbelassenste Fluss in der Heide und auf den unteren Abschnitten als anspruchsvolles Paddelgewässer. Zu Beginn der Saison wird die Strecke etwas ausgeholzt, aber nur so viel, wie unbedingt nötig. Das macht ihren ursprünglichen Charakter aus.

Für viele Paddler ist die Örtze der naturbelassenste Fluss der Heide. Wenn damit gemeint ist, dass man ab und zu den Kopf einziehen muss, haben sie Recht. Brillenträger aufgepasst!

Grillen zirpen, und der Fluss fließt gemütlich, mal durch Wiesen, dann unter Bäumen hindurch. Erlen und Weiden strecken ihre dichtbelaubten Äste ins Nass. Wie viele verschiedene Grüntöne es gibt! Hellgrüne Schilfbüschel, tiefgrüne Eichen, gelbgrüne Wiesen und unter Wasser schimmert es sogar neongrün. Plötzlich ist die Strömung schneller, die Flussoberfläche kräuselt sich. Im Slalom geht's zwischen Baumstümpfen und Ästen hindurch. Das macht Spaß und ist auch für Paddelanfänger gut zu lösen.

Wer Lust auf ein Eis hat, kann in Hermannsburg anlegen. Ansonsten kommt vor Oldendorf auf der linken Seite ein schöner Pausenplatz im Wald. Ein Campingplatz liegt, etwas oberhalb des Flusses, drei Gehminuten entfernt. Wie weit man fahren darf, hängt vom Wasserstand ab, wie weit man will, von Lust und Laune. Wer am nächsten Tag weiter bis zur Aller möchte, übernachtet in einem der Orte am Fluss. Lässt den Abend mit Blick auf die Örtze ausklingen, lockert die Schultern, denn morgen hat man noch ein ganzes Stück zu paddeln. In vielen kleinen Schleifen fließt die Örtze zur größeren Schwester – das verspricht echtes Paddel-Feeling! – und in Wolthausen muss an einem Wehr das Boot einmal umgetragen werden.

Die Alternative: Man verlässt die Örtze in Oldendorf, lässt sich vom Veranstalter abholen oder radelt zurück: Der Bootverleih Gaby bringt einem Leihräder! Müden selbst ist ein Dorf zum Verlieben. Für Kaffee und Kuchen gibt es keinen schöneren Ort als die Baumbank vorm Café Ole Müllern Schün. Am besten, man bleibt gleich über Nacht in dem Dorf, und wen es am nächsten Tag doch wieder an die Örtze zieht, der wandert stromaufwärts.

> **FAZIT: MAL SLALOM PADDELN ZWISCHEN BAUMSTÄMMEN, DANN GEMÜTLICH TREIBEN LASSEN — DIE ÖRTZE IST NATURBELASSEN UND ABWECHSLUNGSREICH.**

Hin & weg: Mit dem Auto nach Müden/Faßberg und dort zum Bootsanleger an der Mühle; zur Bavener Brücke oder zu anderen Einstiegsstellen (nach Absprache mit dem Kajakverleih).

Beste Zeit: Die Örtze darf von Mai bis Oktober befahren werden, und das nur tagsüber – Paddeln ist nur bei grünem Pegelstand erlaubt.

Dauer & Strecke: 2 Tage für die ganze Strecke von Müden bis zur Aller (8–10 Std. Paddelzeit), insgesamt 40 km; kürzere Abschnitte sind möglich.

Ausrüstung: Kajak oder Kanu (z. B. www.bootsverleih-gaby.de; wasserdichter Sack und Schwimmweste werden gestellt). Getränke, Picknick, wenig Gepäck. Einkehrmöglichkeiten gibt's in den Dörfern an der Örtze.

Wenn es Nacht wird: Die Pension Scharnebecks Mühle liegt direkt an der Örtze (www.scharnebecks-muehle.de); der Naturcampingplatz Am Örtzetal hat einen eigenen Bootsanleger (campingplatz-oldendorf.de); Zum Dorfkrug in Eversen (www.zum-dorfkrug-eversen.de; Lagerung der Boote möglich); in Müden: Ferienwohnungen à la »Landlust« im Winkelhof (www.winkelhof-mueden.de).

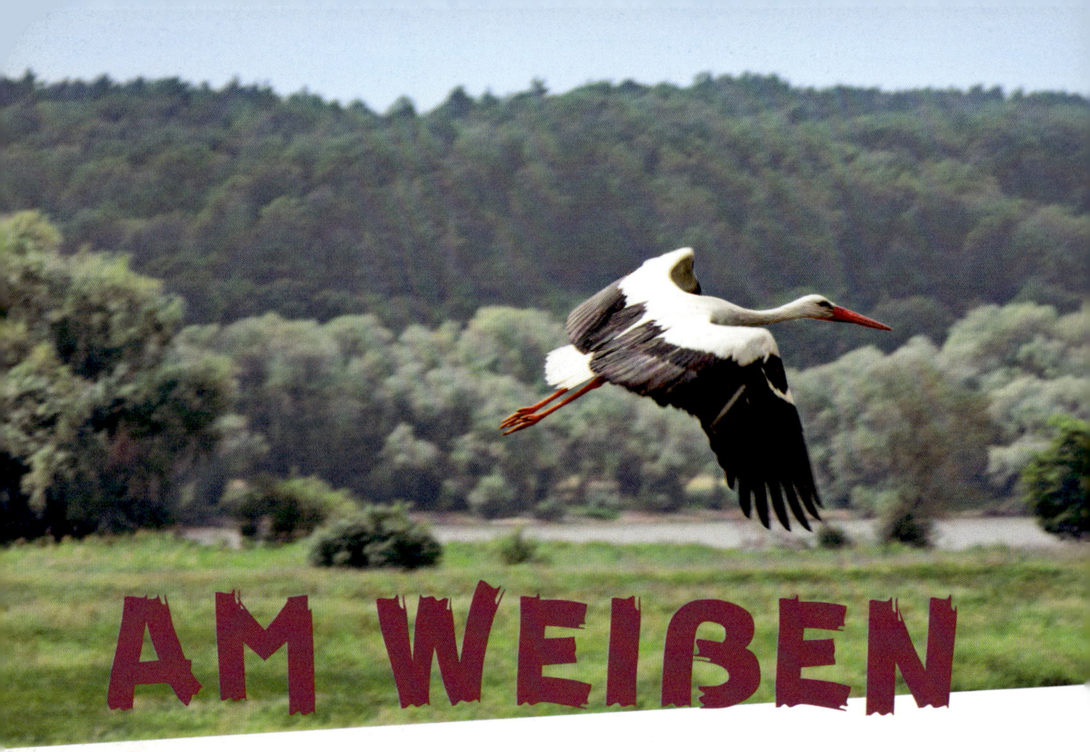

AM WEIßEN FLUSS

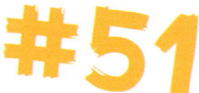

... die Elbe und das Leben genießen in Hitzacker

#51

In Hitzacker fließen zwei Flüsse zusammen, Jeetzel und Elbe. Ein Teil der kleinen Stadt liegt auf einer Insel – entsprechend herrscht fast maritimes Flair. Die Elbtalaue wartet direkt vor der Tür, und mit der Fähre kann man bequem ans andere Elbufer fahren.

#Landpartie #Silberweiden #Storchenschnabel #Möwenlachen

In Hitzacker erzählen die alten Häuser Geschichten – von Überflutungen und guten Tagen.

Albis, Weißer Fluss, nannten die Römer die Elbe. Die hellen Sandbänke gab es anscheinend damals schon. Wohltat und Bedrohung: Das Wasser war in Hitzacker immer beides. Das Jahrhunderthochwasser 2006 setzte große Teile der Stadt unter Wasser, ein Pegelstandmesser am Hafen zeigt eindrucksvoll die Marke. Massive Spuntwände stehen hier heute zum Schutz und lassen ahnen, wie mächtig die Fluten gegen die Tore drücken können.

Andererseits: Die regelmäßig überflutete Elbtalaue rund um die Stadt gehört zu den schönsten Flusslandschaften Deutschlands.

Die Elbe prägt das Leben in Hitzacker. Ob beim Abend- oder Stadtspaziergang, irgendwie ist sie immer ganz nah.

Aber auch Hitzacker ist bezaubernd, in Pastell leuchten die alten Fachwerkhäuser. An vielen Gebäuden sind Infotafeln angebracht und entführen auf einen Streifzug durch die Stadtgeschichte. Im einen Haus lebten lange Böttcher, hier wurden Eimer aus Holz hergestellt. Im anderen wohnten Generationen von Bäckern, und nicht weit entfernt gab's eine Schanklizenz. Immer herrschte reges Treiben, Flüsse brachten Handel und Wandel.

Wer einen Energieschub hat, der steigt aufs Fahrrad oder auf den Hitzackerer Weinberg (hier wird tatsächlich Wein angebaut) – oder kraxelt im Drawehn. Routenvorschläge gibt's auf Tafeln am Hafen. Ansonsten spaziert man über Kopfsteinpflaster, staunt über das fast schon mediterrane Treiben auf den Straßen. Überall sitzen Leute auf Bänken, schlecken Eis, haben sich Cappuccino aus einem der Cafés geholt und unterhalten sich. Damit nicht alles zu idyllisch wird, weht ein Hauch Wendlandgeist durch die Gassen. Im Café steht eine Solidaritätskasse, und ein Holzschild in einem Garten fordert: »Elbvielharmonie«.

Bleibt nur, sich einen netten Platz zu suchen. Im Café Albis zum Beispiel, das nach der Elbe benannt ist und wo es kleine Köstlichkeiten gibt (www.cafe-albis.de). Zum Abendessen geht's in Die Inselküche (www.dieinselkueche.de), *der* Treffpunkt im Ort, mit großer Terrasse und Blick auf den Fluss. Die Gehsteige werden relativ früh hochgeklappt, hier herrscht Nature- statt Nightlife. So erholsam!

Ein Spaziergang startet gleich am Hafen; für die Bewohner von Hitzacker gehört er zum naturnahen Ritual. Jeden Tag aufs Neue unbeschreiblich schön. Möwenlachen tönt vom Fluss, dichtes Schilfröhricht bietet Vögeln guten Schutz. Weiden, Strandhafer, Hagebutten, dahinter glitzert graublau die Elbe. Kühe weiden auf der Marsch, links ziehen sich Wälder den Drawehn-Höhenzug hoch. Ein Gedicht für einen Abendspaziergang. Und gleich noch einmal frühmorgens, wenn grad alles erwacht und noch Nebel über den Wiesen steht.

So viel Schönheit ist manchmal kaum zu fassen. Dann setzt man sich am besten irgendwo hin und schaut und lauscht. Wie beeindruckend die Gegenwart der Elbe ist! Die Gedanken zieht sie mit, Richtung Meer. Hier könnte man jeden Tag wieder hin.

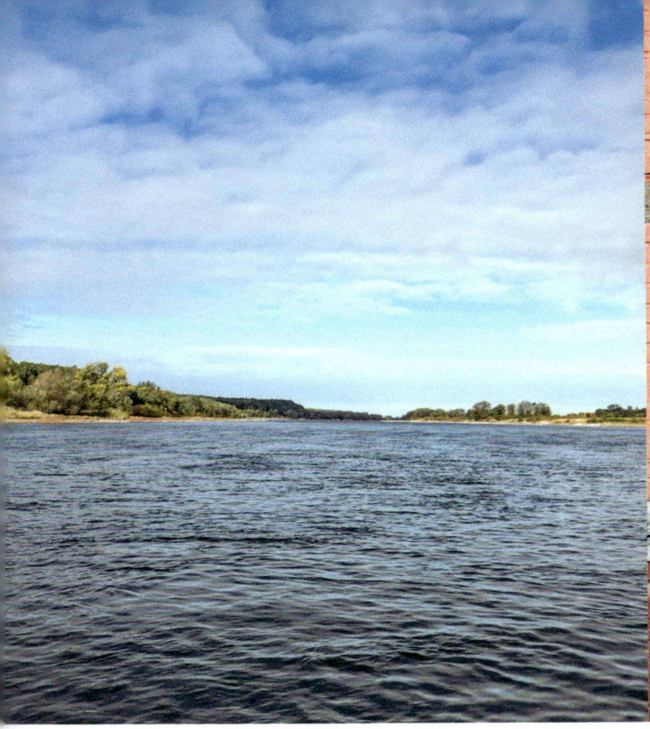

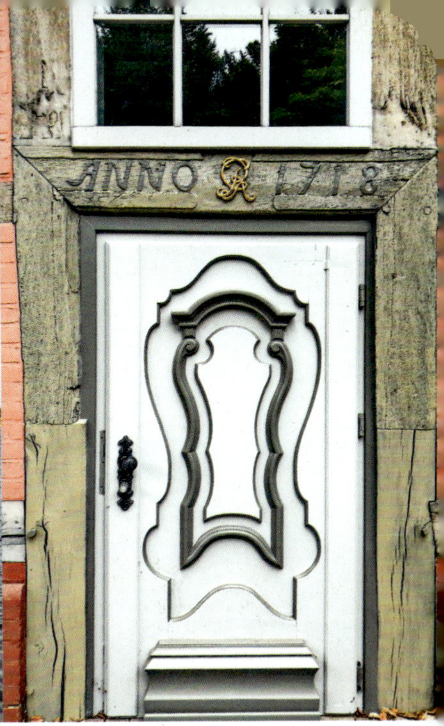

FAZIT: MAN KANN WANDERN IM DRAWEHN. ABER MANCHMAL IST ES AUCH SCHÖN, EINFACH IN EINEM NETTEN CAFÉ ZU SITZEN.

Hin & weg: Mit dem Zug nach Lüneburg. Von dort mit dem Erixx RB 32 nach Hitzacker.

Beste Zeit: Frühling–Herbst; die Fähre auf die andere Elbseite fährt März–Oktober.

Dauer: Ein entspanntes Wochenende lang. Spaziergang an den Elbwiesen ca. 5 km, 1–2 Std.

Ausrüstung: Was man für ein Wochenende auf dem Land so braucht: nicht viel.

Wenn es Nacht wird: Villa Romantika auf der Stadtinsel (www.zumfloetenspieler.de) oder Pension Tante Storch, ca. 6 km außerhalb von Hitzacker, mit lockerer Atmosphäre und guten Tipps (www.tante-storch.de).

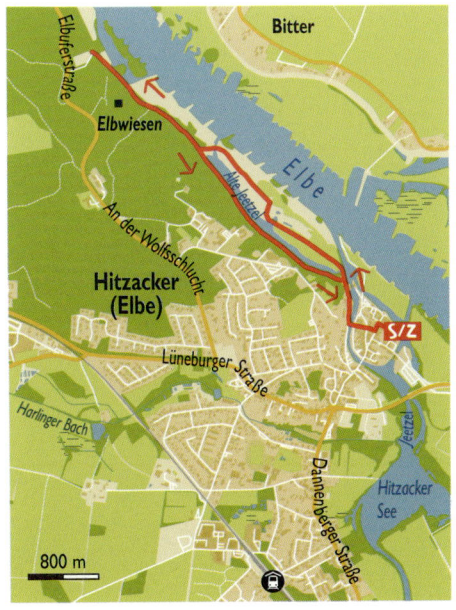

BEI DEN DEICHGRAFEN

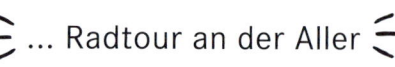 ... Radtour an der Aller

 **#52**

Morgens Nebel und abends blaue Stunde. Der Aller-Radweg von Verden nach Schwarmstedt führt durch Marschwiesen und am Deich entlang. Vorbei an Höfen, die ein Glockenturm ziert, und am Schlösschen einer verbannten Prinzessin.

#romantischeWindmühlen #ganzweichesLicht #allerliebsteAllerwiesen

Zwischen Windmühlen und
Schwarzgefleckten scheint die
Welt so schön in Ordnung.

→ MINIURLAUB …

Bei Verden fließt die Aller in die Weser, im Mittelalter lag hier eine Furt. Die Stadt war ein wichtiger Handelsposten, vor allem aber Bischofssitz und Domstadt, deren Einfluss bis nach Celle und Lüneburg reichte, damals ganz schön weit weg.

Man radelt auf der anderen Seite der Aller, die Route führt zunächst vom Fluss weg, durch die Marsch. Hinter Wahnebergen ist er dann doch wieder nah. »Deich schützt gut« steht auf einem Schild. Überall dasselbe: Ob an Elbe, Ilmenau oder hier – Flüsse können bei Hochwasser Naturgewalten sein.

Der Kirchturm in Westen war im Mittelalter Wehrturm, gleich daneben wohnte immer der Fährmann. Heute fährt hier von Mai bis Anfang Oktober an Wochenenden und Feiertagen eine Solarfähre über die Aller. Im Dorf steht ein Mehrgenerationenhaus mit Café im ersten Stock. Den Kuchen gibt's mit Blick über die Wiesen zum Fluss. Dazu bietet der Ort: Kopfsteinpflaster, Dorfidyll.

Die Allerwiesen sind nicht nur eine Augenweide, auch für den Artenschutz haben sie eine große Bedeutung. Landwirte werden gefördert, auf deren Wiesen eine bestimmte Anzahl

219

Ob Paddler, Angler oder Radler. Nach einem Wochenende an der Aller hat jeder den südlichsten Fluss der Heide fest in sein Herz geschlossen.

von seltenen Arten wächst – Kuckuckslicht-nelken zum Beispiel. In den Dörfern riecht es gut nach Kühen, Schafen und Silage. Vom Fluss etwas entfernt, in Hülsen, stehen res-taurierte Schafställe aus dem 17. Jahrhundert. Die Dörfler hatten sie aus Fachwerk, Lehm und Flechtwerk gebaut.

Auf einem ehemaligen Bahndamm radelt man bis nach Rethem, und ab dort geht's wieder an den Allerwiesen entlang. Das Bilderbuchdorf Bosse an der Allerschleife bietet sich für eine Übernachtung an. Besonders einladend liegt etwa der Allerhof, nur durch ein Sträßchen getrennt vom Fluss. Auch ein Kanuverleih mit eigenem Steg ist vor Ort, falls man einen Tag auf dem Wasser einschieben möchte.

Was wartet am nächsten Tag? Schafe stehen wie Deichgrafen im Nebel. Der gehört dazu,

so nah am Fluss. Überhaupt sollte man bei jeder mehrtägigen Radtour immer auch auf völlig anderes Wetter am nächsten Tag vorbe-reitet sein.

Hin & weg: Mit dem Zug oder Auto nach Verden. Von Schwarmstedt mit dem Zug via Hannover zurück nach Verden (leider etwas umständlich).

Beste Zeit: Frühling–Herbst.

Dauer & Strecke: 2 Tage, ca. 60 km; ungefähr die Hälfte (ca. 5 Std.) pro Tag.

Ausrüstung: Fahrrad mit Gepäcktaschen; Proviant und Getränke, evtl. Bade- und/oder Regensachen. Auf der Strecke gibt es einige E-Bike-Ladestationen (Infos, auch zu Fahrradverleihstellen: www.aller-leine-tal.de).

Wenn es Nacht wird: Das Hotel Allerhof hat einen großen Garten und Kamin (www.hotel-allerhof.de); mit Allerblick: Campingplatz Rittergut Frankenfeld (www.rittergut-frankenfeld.de).

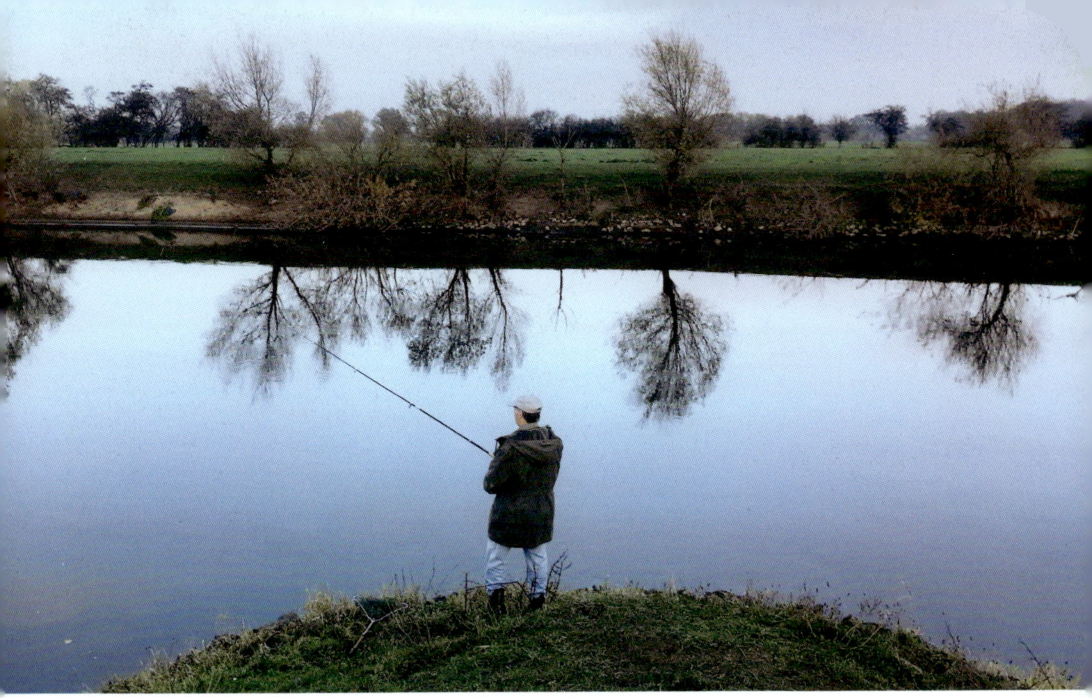

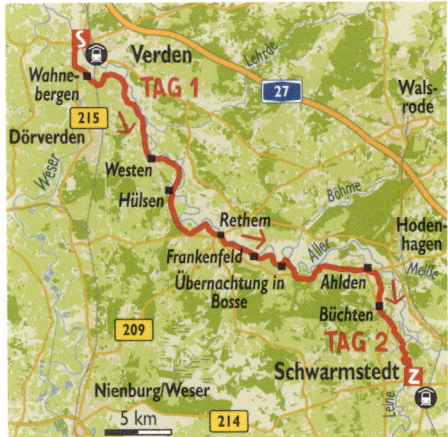

In Alden stehen ein historisches Scheunenviertel und das Schloss, in das 1695 Prinzessin Sophie-Dorothea von Braunschweig-Lüneburg nach Ehebruch und Scheidung verbannt worden ist, fast 32 Jahre lang! Von der Residenzstadt Celle hierher, mit Blick in die Marsch: Das muss ein Kulturschock gewesen sein. Der Radler findet's umso schöner ...

In Büchten meint man fast, man sei in einem Gemälde alter niederländischer Meister gelandet. Das liegt nicht nur an der Bothmer Windmühle, sondern auch am weichen Licht. In der Dämmerung warten die Pferde am Koppelzaun und Angler werfen am Ufer ihre Ruten aus. Petri Heil! Nach Schwarmstedt ist es nicht mehr weit.

Tipp: Der Aller-Radweg lässt sich etappenweise über Celle und Wolfsburg bis zur Allerquelle in Sachsen-Anhalt verlängern.

FAZIT: RADTOUREN AN FLÜSSEN SIND IMMER IRGENDWIE ROMANTISCH, UND IN DEN DÖRFERN GIBT ES VIEL ZU ENTDECKEN. EINE FLUSSLANDSCHAFT, DIE ENTSCHLEUNIGT.

SONST NOCH WICHTIG

HEIDSCHNUCKE AUF
DEM GLEICHNAMIGEN WEG

KANU FAHREN
AUF DER ELBE

WACHOLDER, →
NICHT NUR IN DER
MISSELHORNER HEIDE

Ein- und Überblick

Karten für den schnellen Überblick, praktische Tipps, mehr über die Autorin sowie ein Ortsregister zum schnellen Nachschlagen gibt es auf den folgenden Seiten.

GPX-Download aufs Smartphone – so geht's

Voraussetzung:
Eine Outdoor-App muss installiert sein, z. B. KOMPASS, Outdooractive oder komoot. Zum Einlesen des QR-Codes benötigen Android-Geräte eine QR-Code-App. Bei IOS-Geräten ist diese Funktion in der Kamera integriert.

Daten downloaden:
1. Den QR-Code einlesen oder die Webadresse im Browser eingeben, um auf die Eskapaden-Website zu gelangen.
2. Die gewünschte Tour zum Download anklicken.
3. Bei IOS-Geräten werden die GPX-Daten direkt mit der vorab installierten App verknüpft. Bei Android-Geräten muss ggf. noch ein Weiterleiten-Button geklickt werden (z. B. oben rechts im Display). Manche Apps zeigen den Tourverlauf starr an, andere haben eine Navigationsfunktion dabei.

Tourenverlauf

GPX-Daten zum
kostenlosen Download
www.dumontreise.de/
eskapaden/lueneburger-heide

short.travel/t4j9n

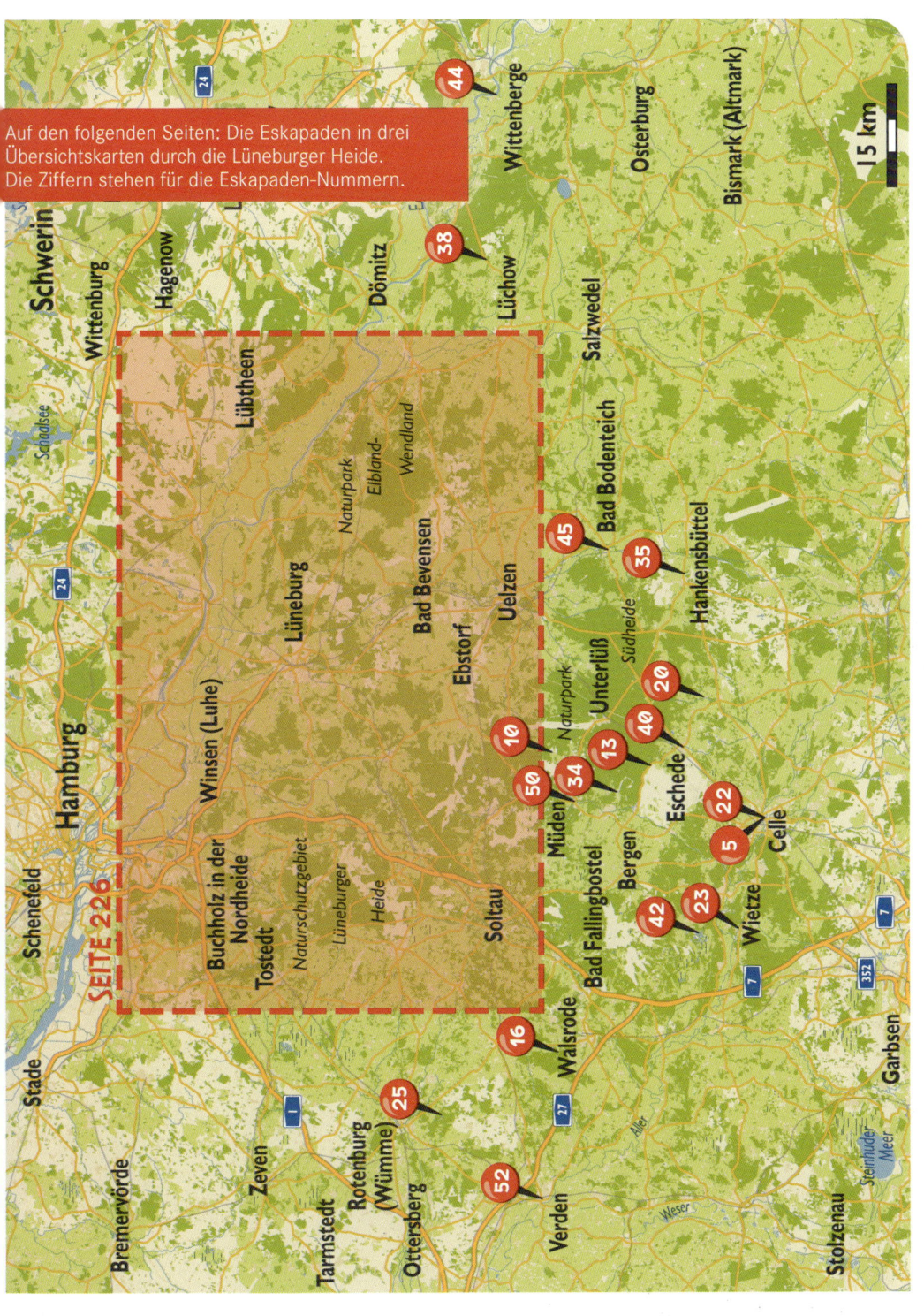

Auf den folgenden Seiten: Die Eskapaden in drei Übersichtskarten durch die Lüneburger Heide. Die Ziffern stehen für die Eskapaden-Nummern.

15 km

SEITE 226

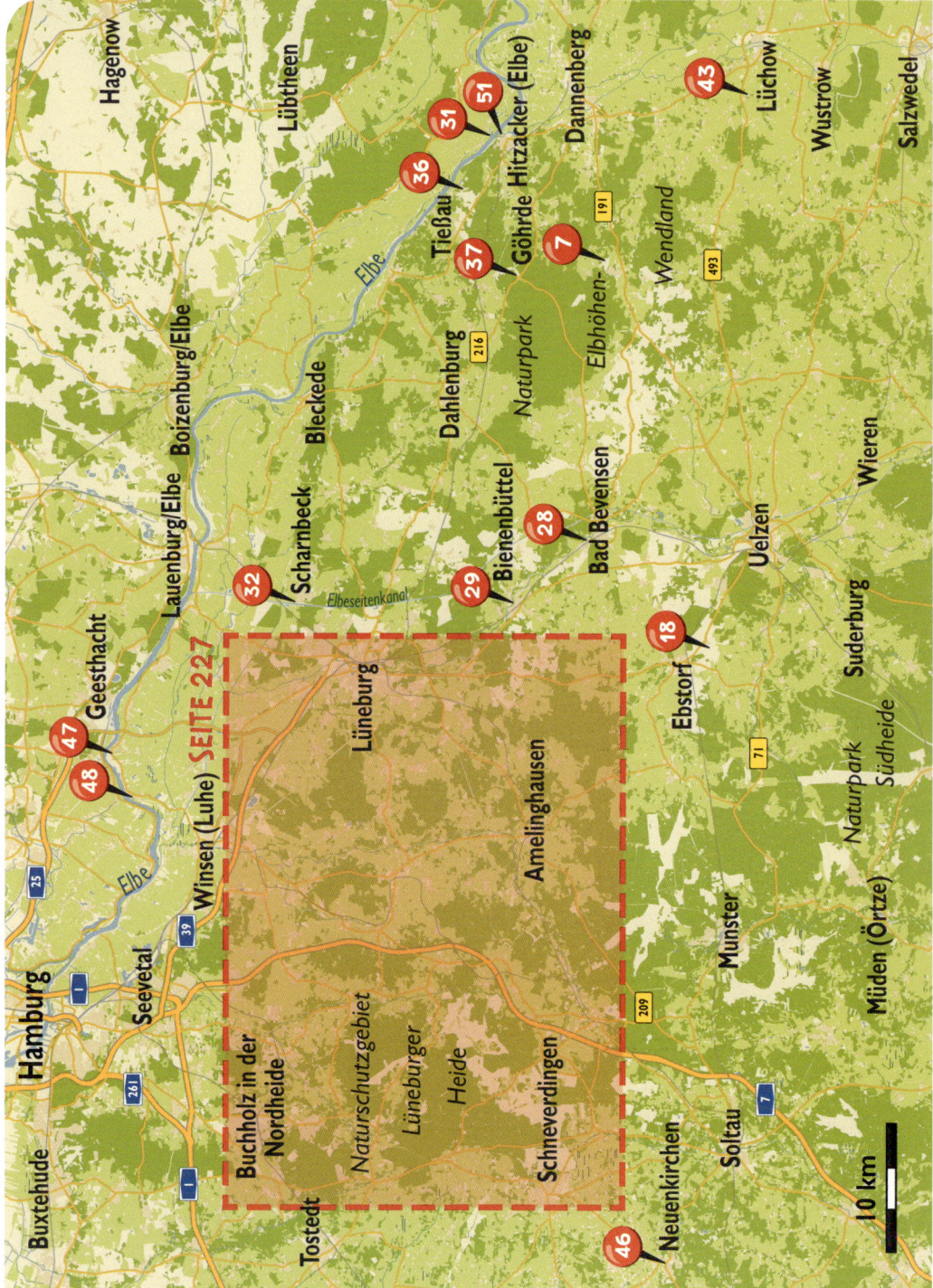

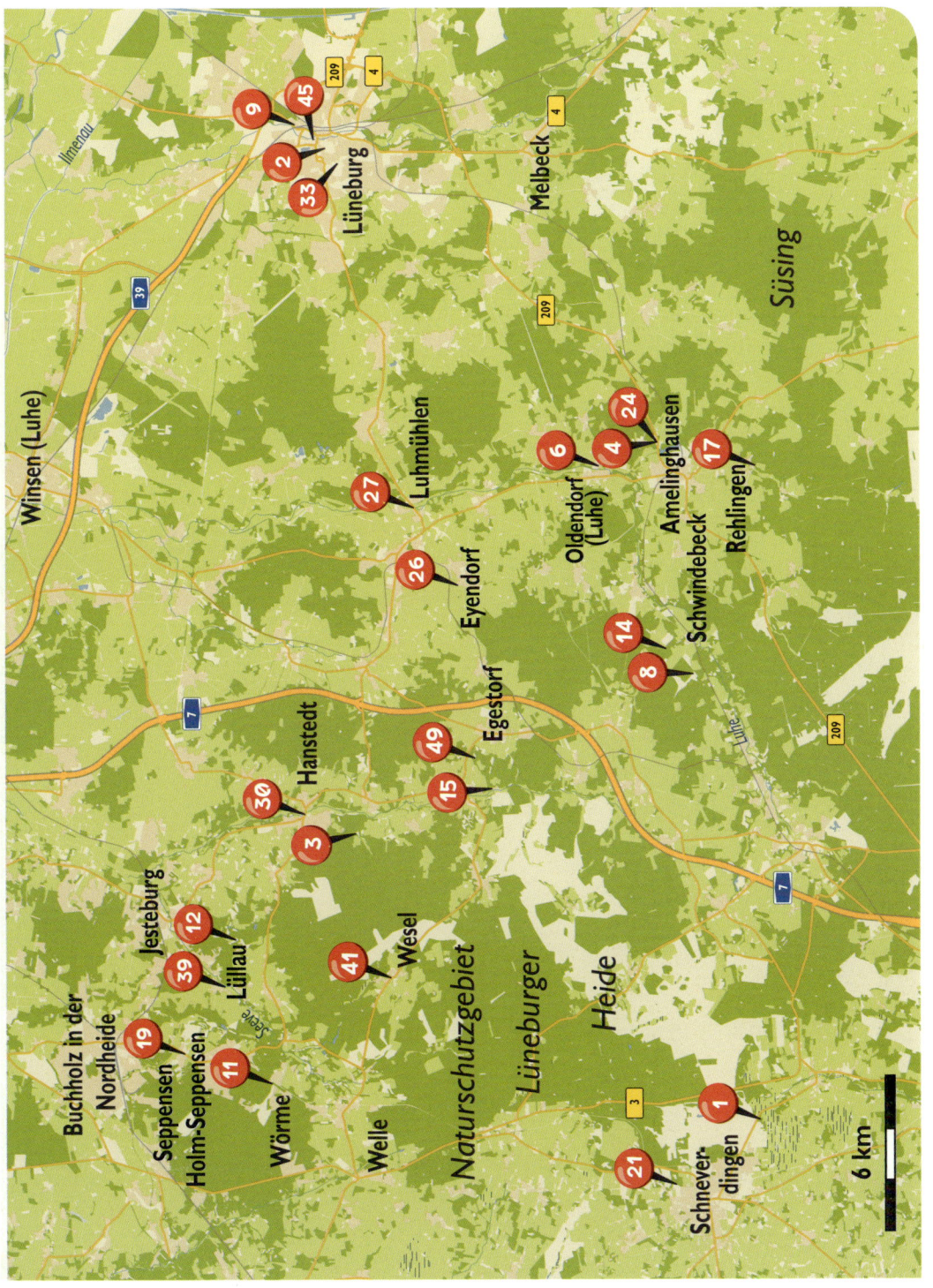

NOCH MEHR ESKAPADEN ...

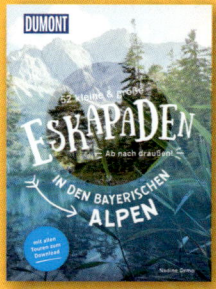
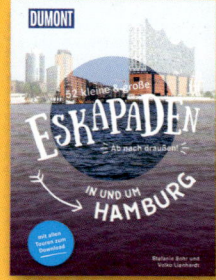
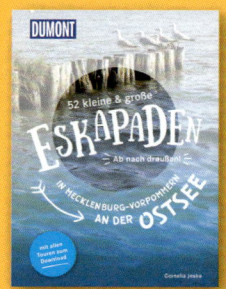

ISBN 978-3-7701-8088-2   ISBN 978-3-7701-8071-4   ISBN 978-3-7701-8092-9

 ... erhalten Sie im gut sortierten Buchhandel und unter www.dumontreise.de

IMPRESSUM

Reihenkonzept & Projektmanagement Monique Sorban

Cover-/Buchgestaltung und Illustrationen Carolin Weidemann, Köln, www.weidemann-design.com

Lektorat & Produktion Verlagsbüro Wais & Partner (Melanie Kattanek, Beate König, Julia Rietsch, Kai Wieland), Stuttgart, www.wais-und-partner.de

Text & Fotos Alexandra Schlüter, Salzhausen, www.alexandra-schlueter-books.de; mit folgenden Ausnahmen: DuMont Bildarchiv: Gerald Hänel/GARP (S. 10, 28 l., 29 u., 53, 68 u., 98 u., 106 o., 149, 174, 177 l., 191, 214, 215), Johann Scheibner (S. 27, 48 l., 54); Heinz Wohner/Lookphotos (Cover); mauritius images: Julie g Woodhouse /Alamy (S. 28 r.), Benjamin Engler (S. 38 r.); Udo Fischer (S. 108 o., 110, 111 u.); Verena Henke (S. 108 u.); Lilo Maak (S. 90 o.); Claudia Rogge (S. 5, 231 l.)

Kartografie Madlen Keilhauer, Oliver Rau; © MAIRDUMONT, Ostfildern, unter Verwendung von Kartendaten von OpenStreetMap, Lizenz CC-BY-SA 2.0

Printed in Poland

2. Auflage 2022
© 2019 DuMont Reiseverlag, Ostfildern
ISBN 978-3-7701-8093-6

www.dumontreise.de

love Freiheit.

Weiterlesen

Wer im Wendland etwas hinter die Kulissen schauen möchte, liest das »Landluft«-Magazin. Zur kulturellen Landpartie gibt's jedes Jahr ein Büchlein mit dem Programm und Tourenvorschlägen (www.kulturelle-landpartie.de). Gute Wochenendtipps für die Lüneburger Heide hat der Newsletter www.schoene-heide.de

Geschmackssachen

In Mai und Juni wird an vielen Höfen hervorragender Heidespargel, oft gleich zusammen mit Kartoffeln und Schinken, verkauft. Und zum Nachtisch? Frische Erdbeeren!

Ohne Auto

Die entlegenen Dörfer in der Lüneburger Heide und im Wendland sind mit öffentlichen Verkehrsmitteln oft nur schwer zu erreichen. Im Sommerhalbjahr verkehren aber einige kostenlose Buslinien, inklusive Fahrradtransport: Heide-Shuttle (www.heide-shuttle.de), Heide-Radbus (www.lueneburg.info/de/heideradbus), Entdeckerbus (www.heideregion-uelzen.de) und Elb-Shuttle (www.erlebnis-elbe.de). Ein Fahrradgepäckträger fürs Auto ist zwar eine nicht ganz billige, aber lohnende Anschaffung.

GUT ZU WISSEN ...

Sicherheit & Notfälle

Zentrale europäische Notrufnummer ist die 112 – gebührenfrei aus allen Netzen, auch mobil, erreichbar. Feuerwehr und Rettungsdienste werden so alarmiert.

Vor Ort im Netz

Gute Wander- und Radfahrtipps findet man auf www.lueneburger-heide.de und www.wendland-elbe.de, die einzelnen Etappen des Heidschnuckenwegs unter www.heidschnuckenweg.de. Auch zu einigen anderen längeren Touren gibt es extra Websites, z. B. www.ilmenauradweg.de oder www.elberadweg.de. Übernachtungsmöglichkeiten für Radfahrer stehen auf www.bettundbike.de

ESKAPADEN-REGISTER ...

⊰ Alle Orte mit Seitenverweisen ⊱

ALEXANDRA SCHLÜTER

... über die Autorin

Ihr Leben lang ist Alexandra Schlüter gern und fern gereist. Ob in Kanada oder in Botswana, in den Bergen oder am Meer - Landschaften können der gebürtigen Bayerin nicht einsam genug sein. Und dann das: Die Autorin fand riesengroßes Reiseglück direkt vor ihrer Haustür. Obwohl sie schon lange am Rand der Lüneburger Heide lebt, hätte sie nicht gedacht, dass es dort dermaßen menschenleere Gegenden gibt. Da passte es perfekt, dass Wandern und Radfahren ihre Leidenschaften sind. Aber auch auf dem Pferd und im Kajak war sie in Heide und Wendland unterwegs. Und das am liebsten jeden Tag, wenn sie nicht gerade darüber geschrieben hat.

Lila Pausen

Eskapade #41: Hauptsaison der Heideblüte ist von Anfang August bis Mitte September. Die Heide blüht aber nicht überall gleichzeitig. Wer sie also ganz in Lila sehen möchte, checkt vorher am besten das Heidebarometer: www.lueneburger-heide.de

Kurvenstars

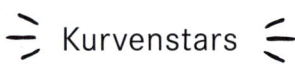

Eskapade #22: Im Winter bei Frost wird die Dammaschwiese in Celle an der Aller geflutet und verwandelt sich in ein Schlittschuhwunderland. Auf der riesigen blanken Eisfläche tummeln sich dann Eishockeyspieler, Schlittschuhläufer, Kind und Kegel.

5 BESONDERE EMPFEHLUNGEN ...

Open Air

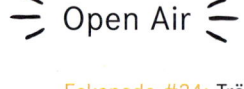

Eskapade #34: Trällern, zirpen, tirilieren – ganz still ist es unterwegs in der Heide nie. Warum nicht mal hinsetzen, lauschen und versuchen zu erkennen, wer da gerade so schön singt. Heidelerche oder Wiesenpieper? Vogelstimmen-Apps können helfen. Im Frühling ist das Konzert besonders laut.

Heidepower

Eskapade #21: Verliebt in die Heide? Lust, beim Erhalt zu helfen? Einmal im Jahr, im November am Naturparktag, treffen sich ehrenamtliche Helfer an vielen Orten um die Heide zu entkusseln (www.naturpark-lueneburger-heide.de). Mit Spaten und Gartenschere werden Birken- und Kiefernschösslinge entfernt, die Heidschnucken schaffen es nicht allein.

Nah dran

Eskapade #28: Elbe und Heide – die Weite ist oft überwältigend. Aber auch der Blick auf die kleinen Wunder am Wegrand lohnt. Gelbe Blüten, Muscheln, Käfer. Ein Skizzenblock und Farbstifte passen in jeden Rucksack. Malen ist mal was anderes als fotografieren. Zu schön, was man alles sieht!